エイジングフレンドリー・コミュニティ

超高齢社会における人生最終章の暮らし方

鈴木七美

新曜社

はしがき

社会の少子高齢化は、高齢者人口割合の増加、および高齢期の長期化という、変化を意味する。私たちは、退職後や子育て後の自由な時間を謳歌できることを願う一方で、心身の不調を憂慮し、人生の最終段階をいかに生きるのかという課題を重く感じることもある。

少子高齢化という変化にかかわり、2006年に福祉の充実で知られる北欧デンマークの高齢者対象住居施設を初めて訪ねた。生活支援が必要な状態であるにもかかわらず、自室のリビングでおしゃれをして過ごしたり、館内を電動車椅子で敏速に移動する高齢者たちに驚いた。高齢者たちは自室のミニキッチンでも、共有のキッチンでも、自由な時間に調理をすることができる。調理台の高さは車椅子でも使用しやすい高さに調整が可能である。食堂で一斉に食事することはなく、食事時間はフレクシブルである。施設のスタッフは、こうしたことがらは人々の生活の質（QOL：quality of life）にかかわる重要な点であると説明していた。手芸品作りを楽しんでいた高齢者が、作品を展示するばかりではなく販売していたことにも、訪問者と交流しようという意欲に驚きを覚えた。高齢者たちの部屋で咲き誇るゼラニウムなどの花々の世話はスタッフが担当している一方、どの部屋にも設置された器具を活用して自力で動くことが推奨され、高齢期のウェルビーイング（well-being 心地よい生、善き生、幸福、安寧）に向けて、高齢者とスタッフが協働する決意とその姿に圧倒された[1]。

他方、高齢者の通所施設であるデイセンターを訪ねると、食事や運動、学習や趣味、交流などを生き生きと行っている人々がいる一方で、移民としてやってきてデンマーク語や英語を話すことができないことに原因があるのか、孤立しているようにみえる高齢者の姿もあり、福祉が充実している国でも、地域特有のものも含め課題があることに気づかされた。また、町の環境改善などへの提言を行う高齢者委員会の高齢者ボランティアや、デンマークに適合的な高齢者ケアの研究に取り組む若手研究者たちが、政策と現場の実践の改良のため精力的に活動を続けていた。

その後共同研究会の場で、スウェーデンの研究者から、高齢者自身にとっても重要でありさかんに行われているボランティア活動について、自治体などのサービスが縮小することのないように政策とのバランスを注視していること、また、町中の自宅に住み続けることができたとしても、雪が深い冬季や、宗教関連活動の変化のなかで、教会に代わるような人々が集まれる場所の開発の必要性が語られた。

福祉国家として知られる地域の実践に関するこうした興味深い情報と比較すべく、２００６年から、より自由主義的な傾向の強い米国やカナダを訪ね始めた。とくに注目したのは、多文化社会にあって宗教やエスニシティ（民族性）に配慮したコミュニティとして創られてきた継続ケア付きリタイアメントコミュニティ（ＣＣＲＣ：continuing care retirement community）である（以下ではＣＣＲＣと略記することがある）。元気なうちに入居してコミュニティの住人として生活し、最後まで暮らす終《つい》の住《す》み処《か》として構想されたＣＣＲＣには、入居一時金の支払いに基づく住民間の相互扶助という側面もあるということにも興味を抱いた。その多くがＮＰＯ（非営利団体）によって運営されている施設はつましい印象のものもあり、独自の指針・理想に基づくコミュニティを創るという点が興味深く、精力的に現地調査を進めた。

２０１４年春に、とくに高齢者の居場所に関するシンポジウム「高齢者のウェルビーイングと多様な住まい方」を企画するなどの経験を経て、終の住み処として施設に移動するのか、今住んでいる自宅に留まるのかというように、あまりにも特定の場所に人々がこだわりすぎなのではないかと思うようになった。日本では、自宅で住み続けることが自律と関連して重視されている印象も受けた。後述するが、20世紀後期には、「エイジング・イン・プレイス（**aging in place** 居場所を得て心地よく暮らす）」という言葉が、心地よい暮らしの場を広く捉えるのではなく、どちらかといえば今まで住んできた自宅で最後まで暮らすことに関連して使用される傾向にあった。だが、体調の変化などにより移動を完全に避けることができない以上、どこにいても、少しでも心地よくする工夫があるのではないか、それに光をあてられないか、と考えをめぐらせていたのである。

そして出会ったのは、20世紀末から少しずつ使われるようになった「エイジフレンドリー・コミュニティ（age-friendly community）」（あるいはエイジングフレンドリー・コミュニティ（aging-friendly community））という言葉である。これは、すべての高齢者が平等に良好な生活を享受できる環境に注目した語である。そして、多世代多文化の人々が暮らしやすいところこそが、高齢者の暮らしやすい場にもなるのだ、という視点に広がりを見せた。エイジングフレンドリー・コミュニティを構想する際参考となる指標がＷＨＯ（世界保健機関）や実践の場で提示されてきたが、良好な環境は単一ではないし、すぐに仕上がるというものでもない。地域の歴史や文化に配慮し、自然や景観デザインも含め人々が日々織り上げてゆくものであろう。

高齢者の生活改善にかかわる暮らしの場を訪ねてみると、多世代のかかわりの場が広がっているのを目の当たりにする。実際、高齢者は実に多くの場所を利用し、それに多様な人々が重層的にかかわっている。そして、その活動自体が、かかわる人々の生活を刷新する状況もみられるのである。同世代の仲間がいても、家族と暮らしていても、個としての人は常に個の時空間を含め複数の場を必要としている。あるいは、異文化との遭遇を不可欠としているようだ。

高齢期の暮らしに関するフィールド（現地調査の場）では、専門職者かふつうの人々かにかかわらず、様々の感想や策が語られた。そこでは、誰も、「私のウェルビーイング」は、と明確にあるいは声高に語ることはないが、人々はどんな小さくみえることであれ、何を気にしているか、何を心配しているのか、何を楽しみとしているのか、を不安そうに、あるいはうれしそうにぽつぽつ語るかそぶりをみせる。フィールドは、語り（ナラティヴ）に満ちた世界なのである。こうした経験から、ケアという言葉を念頭におけばよい、と考えるようになった。

ケアは、助けを必要とする人々に支援を与えるという意味で使われる傾向があるが、辞書に記載された使用の歴史に基づく意味は幅広く、気にかけるとか、関心をもつ、好むなどを含む（鈴木 2002, 2005）。基底には、原動力としての興味や希望という要素が色濃く含まれている。他者であれ、自分であれ、自分を包む環境であれ、どのように扱いたいか（あるいは扱われたいか）というケアを頼りにしていけば、人々の望みにより近くせまり、環境を考える工夫を具体的に提示してゆく道が開けるのではないかと思われる。[2] 一般にケアの対象とみなされている高齢者が、かかわりケアしたいと感じている事柄が可能となるように、ケアの輪を広げていく方法を模索すればいいのではないか。語源的にはともにコミュニティや人の良好な状態という意味をもつウェルビーイングやウェルフェア（welfare 快適な生活、幸福、福祉[3]）、そして居場所を得て心地よく暮らすという意味のエイジング・イン・プレイスといういずれの語も、個と環境の関係性にかかわる。ケアに注目することにより、フィールドで、関係性のなかで生きる存在としての人々の望みの個別性や多様性が、つぶやきのなかで見えてくるに違いない。

とくに注目する点は、高齢化する社会における問題意識をきっかけとして、新たな共有の時間や場が創りだされていることである。そこでは通常の仕事や余暇の区別を越えて多世代が語ったり聴いたりできる時空間が広がっている。すなわち、遊びの範疇とされる時間も、高齢化する社会に生きる人々のケアのために正当化し確保することが、居場所や心地よさを広げることにつながる可能性がある。どこにいても語りや物語といったナラティヴに開かれた時空間をもつことは、高齢化や変化のなかにあって誰もが世界を味わうことに資するケアにつながるのではないか。本書では、年を重ねる人々の様々なケアへの願いに注目し、幸福や快適な生活に向けて生を養う時空間の広がりとそれらを構成する要素について考えていきたい。

本書における検討は、変動する状況のなかで、個々の主観にとって心地よい居場所としてのエイジング・イン・プレイスを考えるためのものである。本書では、移住か地域居住かという生活環境を限定するのではなく、新たな同行者や自然、超自然の物語とともに人生を渡っていく環境と活動を支える工夫をたどる。そこでは様々なコミュニケーションに彩られるいくつもの居場所のありかたが照らし出されるだろう。

エイジングフレンドリー・コミュニティ◆目次

装幀＝新曜社デザイン室

序章　終の住み処の探求から
エイジングフレンドリー・コミュニティへ

1　超高齢社会への憂慮

超高齢社会の到来とともに、高齢期の暮らしのゆくえに関心が集まっている。とりわけ、心身機能が弱った場合、どのような場所で暮らせるのかについて不安を募らせている人も多いのではないか。少子高齢化は、私たちの生活を根本から揺さぶる現代社会のリスクと捉えられ、世界各地で新しい福祉政策やシステムの構築が緊急の課題として検討されてきた。日本では２００７年に高齢化率（総人口に対する65歳以上人口の比率）が21％を超えて「超高齢社会」となり、高齢化する速度が速いことも含め、高齢者の生活のありかたが注目されている。公的扶助、保険、民間の活動などが見られるなかで、市町村が運営主体となり40歳以上の人が加入する介護保険制度が2000年に開始された。若い世代の人口比率が低下するなかで、医療や福祉の予算を過度に膨張させることなく縮小する方向性として、相互扶助や自助の充実も模索されている[1]。

だが、少子高齢化とそれに伴う社会の変化は、技術革新や人々が選び取ってきた生活様式など、近代化の一つの結果でもある。寿命が伸び、退職後や子育て後に第二の人生を考える時間を得られることは、生活環境の改善や、子ども世代や親世代の住まい方の変化など人々の選択によるものでもあり、喜ばしい側面も大きい[2]。米国において、様々な文化的施設や機会に恵まれた都市における一人暮らし（自立した生活）の快適さが追求されてきた様相も報告されている（Klinenberg 2013）。実際、米国では、退職後のある程度長い期間の生き方を考えるような人々を、「ヤングオールド」（young old　およそ55〜75歳を指す）と呼ぶようになっている。とりわけ、大きなコーホート（世代集団）を形成するベビーブーマー[3]が退職期にさしかかり、高齢期の生活の質や、ウェルビーイングを問い直す態度や実践が顕著となっている。選択の自由、レジャーの重視や豊かさの模索など新しい価値観をもつとされるかれらが求める住環境やライフスタイルが注目されている。米国のみならず、こうした傾向は日本の団塊世代とも共通であろう。だが、人々の生活様式の多くが選択の結果だとしても、支援が必要となったときの暮らしをどのように編成していくのかについて、関心が高まっているのである。

さらに高齢化する現代社会においては、地域コミュニティの崩壊やこれが十分に機能しないこと、すなわちコミュニティを失うことへのおそれが顕著となっている。[4] 世界各地で頻発している高齢者の孤独死や被災の報告は、高齢者が孤立するという事態に深くかかわる人々の紐帯や交流のありかたや、それらの舞台となる地域やコミュニティのケアを緊急の課題として考察・実践する必要性を私たちにつきつけている。熱波による高齢者の孤独死をきっかけとしてパリのアパートメントの中庭で始められた隣人の会食が各地に広がりをみせている「隣人祭り」（アタナーズ・ペリファンほか『隣人祭り』２００８年）にみられるように、都市部の新たなつきあい方が模索されてきた。また、高齢化率が50％以上となった限界集落とよばれる山村の過疎地では、自然環境と高齢者が蓄えてきた経験を生かした産業振興により、若い世代が加わる新しい地域のありかたが模索されている（鈴木 2005; Suzuki 2019）。そうした試みのなかで、ともに働くばかりではなく、高齢者をはじめすべての世代が楽しみや遊びの時間を共有することの意義もみなおされてきた。

2　エイジングフレンドリー・コミュニティへの注目

高齢者が心地よく暮らせるコミュニティの実現には、すべての世代のウェルビーイングを構想することが不可欠だという認識から、「エイジフレンドリー・コミュニティ」（あるいはエイジングフレンドリー・コミュニティ）という語が注目されている。

米国の老年学者シャーラックらは、「エイジングの過程（aging process）」は変化し続ける環境の中で展開する動的な交流に満ちたものであるという認識から、「エイジフレンドリー」や「エルダーフレンドリー（elder friendly）」（高齢期・高齢者に優しい）ではなく、「エイジングフレンドリー（aging friendly）」という語を用いると述べている（Scharlach & Lehning 2016: vii）。熟成という意味を持つ「エイジング」にかかわり、生産活動から解放され養生（生を養う、心地よい暮らしの実践）する余暇・自由時間の意義も指摘されている（寺崎 2010）[5]。さらに、「養生（*δίαιτα*）」とは、**"life"** そのもの、あるいは、**"mode of life"**、また、**"a way of living"** などの訳語があてられており（希英辞典（Liddell & Scott））、生活するときの配慮、なにに自覚的に生きてゆくかという知恵を集め織り上げた「文化（culture）」として（鈴木 2002: 45）、すべての人が生活の中心として熟慮してゆくべきテーマといえよう。本書では、どのような事柄が豊かな人生にかかわると感じられるのか、について考察し、生を養うことのできる共生環境としての「エイジングフレンドリー・コミュニティ」について分析を深める。

人々の健康や幸せに資するエイジングフレンドリー・コミュニティに向けて、公的機関と公金、個人や企業による活動を地域に適合するかたちで組み合わせる工夫が必要だという観点から、ＷＨＯの活動にも取り入れられ、各地でプロジェクトが進められてきた（Stafford 2019: 6-9; Buffel & Phillipson 2019; Moulaert & Garon 2016; Greenfield et al. 2015; Phillipson 2011）。

エイジングフレンドリー・コミュニティ開発の課題は、１９９０年代からＷＨＯが提示したいくつもの政策イニシアチブから析出してきた。これらの中心的テーマは、「アクティヴエイジング（active aging）」である。この考え方は、国際連合によって宣言された１９９９年の国際高齢者年（テーマ：すべての世代のための社会に向けて〔Towards a Society for All Ages〕）に提示され、欧州連合とＷＨＯなどによって洗練されてきたものである（WHO 2002）。

20世紀後半には、高齢者の暮らしを表現するプロダクティヴエイジング、サクセスフルエイジングという語が使われるようになった。これは、エイジズム（高齢者差別）に基づく高齢者の社会的排除を憂慮した結果でもあったが、活発な活動のみに価値を置き、一方的過ぎるという批判もなされた。その後、社会的包摂をテーマとするばかりではなく、個々人の豊かな生活を再考するという意味で、アクティヴエイジングという言葉も使われるようになった。「アクティヴ」は、健康で労働市場に参加できるというだけではなく、高齢者が社会的、文化的、精神的（スピリチュアル）、経済的、そして市民的活動に参加できることが強調されていた。[6]

そしてこの考え方は、２００６年にＷＨＯが「グローバル・エイジフレンドリー・シティ」プロジェクト（Global Age-friendly Cities' project）を立ち上げたときに受け継がれ、「認証」プログラムが開発された。具体的な指標として、移動手段、屋外スペースと建物、コミュニティの支援と健康サービス、コミュニケーションと情報、市民参加と雇用、尊厳と社会的包摂、社会参加、住居など8点が掲げられている（WHO 2007）。また、米国の在宅ケア政策研究センター（The Center for Home Care Policy and Research）は、コミュニティ計画と開発プロジェクトにより最初の包括的なモデルとして開発したアドバンテージ・イニシアチブ（AdvantAge Initiative）において、エイジング（エイジ）フレンドリー・コミュニティの指標として、基本的ニーズへの対応、心身の健康とウェルビーイングの最適化、社会的・市民的関与の促進、自立の最大化の4領域を提示している（Oberlink & Davis 2019）（図1）。２０１８年現在、ＷＨＯエイジフレンドリーシティ・コミュニティ・グローバルネットワークには、「37カ国541の都市とコミュニティが参加している」と報告されている（Stafford 2019: 6–7）。

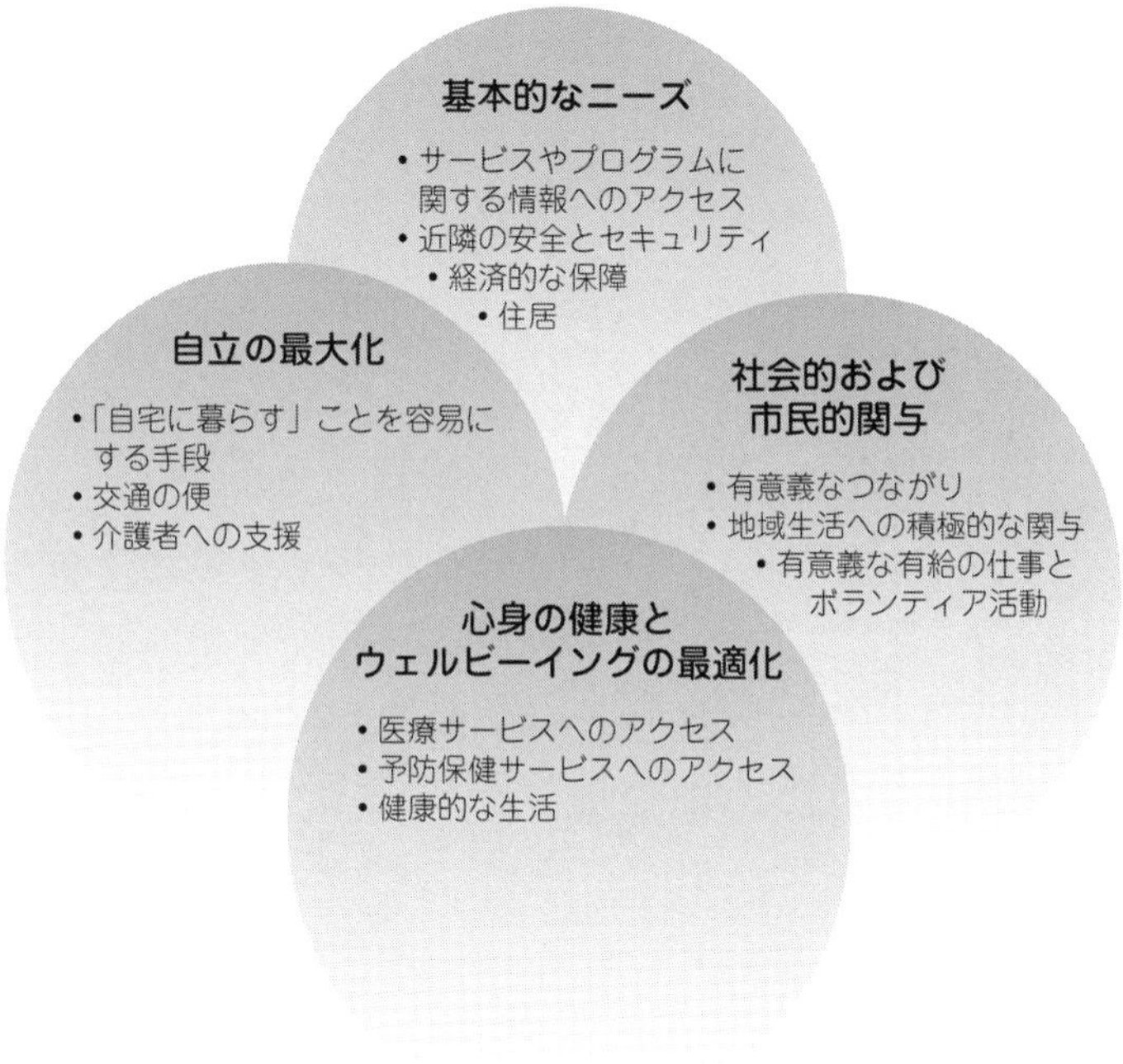

図１　「エイジフレンドリー・コミュニティの４領域」（The Center for Home Care Policy and Research, Visiting Nurse Service of New York（VNSNY）によって提示されている領域名）（Oberlink & Davis 2019: 129）

もちろん、エイジングフレンドリーな環境を考えるうえでは、なによりも高齢者など住人が参加して、住みよい町をつくっていくという姿勢が不可欠である。そうした試みとして、英国マンチェスター市のプロジェクトは、地域の改善を対象として、研究者、マンチェスター市、地域のステイクホルダー（利害関係者）、そして高齢者たちが協働したも

写真１　再開発地区のくつろぎや交流の場となるポーチを備えた住宅（米国インディアナ州ブルーミントン、2015 年）

のである。その過程で近隣（neighbor-hood ネイバフッド）環境を整えて、アクティヴエイジングを向上するための政策が策定された。[7] 発案の一つによって、打ち捨てられていた土地が「コミュニティ平和公園」に生まれ変わり、多様な出自の人々がともに憩う場が拡大した（Buffel et al. 2012: 609–610）。

一方、米国の社会人類学者スタフォードは、都市郊外に切り開いた広い敷地に家を建て、車を活用する豊かな生活を夢見てきたベビーブーマー世代の行く末に注目してきた。そして、伝統ある地方都市の再生を視野に収めつつ、移民など多様なすべての世代が参加する地域コミュニティを育てる協働をリードしてきた。移民が多く住む地区に子どもたちが集う場を作り、賑わいと安全を確保する実践を続けている。ポーチで花に水やりする高齢者を、通行人が気軽に手助けすることから小さな交流が始まるような地域の雰囲気を醸成する方向性が模索されている（Stafford 2009a, 2009b）。

3　エイジング・イン・プレイスをめぐる議論

エイジングフレンドリー・コミュニティや近隣環境の構想において論点となったのは、グローバルな人口構成の変化と高齢化によって多様な課題をもつ地域があらわれること、都市の変化と、とりわけ社会的・経済的に不利な状況にある地域の高齢者の生活、自分の家にできるだけ長く暮らすという意味で用いられた「エイジング・イン・プレイス」を支えること、そして、高齢化の過程における「良好」あるいは「適切」な場所の探求などである（Buffel et al. 2012: 598）。

「エイジング・イン・プレイス」という語は、起源は明確ではないが、一九九〇年代から高齢期に心地よい場所で過ごせることへの関心を共有する多様な領域の研究者や実践者によって、さかんに使われるようになった。郊外に設けられた大規模な施設に移り暮らすことが高齢者たちのウェルビーイングに資するものなのかという疑問から、住み慣れた地域に居住し続けるという願いを込めて、「地域居住」という意味で謳われてきたことは共通している（Stafford 2009a; 松岡 2011）。

「エイジング・イン・プレイス」という語に関しては、さらに、「エイジング・イン・コミュニティ」という視点の重要性が指摘されている（Buffel & Phillipson 2019: 21）。米国においてエイジングフレンドリー・コミュニティ創成の実践的研究に携わってきたシャーラックらは、エイジング・イン・プレイスについて、「高齢となることにともなう健康や社会的、財政的な資源の変化のなかにあっても、望む限り、自分の家やコミュニティに留まることができること（"ability"）」と説明している。かれらはコミュニティを、「物理的空間、あるいは社会的環境以上のものであり……、私たちが誰であり、何が可能であるかを定義するのを助ける」ものと捉えている（Scharlach & Lehning 2016: 5, 226）。このように、高齢者にとって、近隣の環境はとくに重要なものとなることのみならず、地域コミュニティの住人にとっても高齢者を含む多様な世代で構成されることによって、文化資源を共有することが可能となるコミュニティは、かかわる人々によって不断に織り上げられてゆくのである。

エイジング・イン・プレイスに関しても、エイジングフレンドリー・コミュニティの実践過程で見出されたのは、高齢者が心地よく暮らすには、そのコミュニティを構成するすべての世代のエイジング・イン・プレイスを視野に収めることが不可欠だという点である。福祉の編成にかかわり、社会の高齢化にともなう「古いリスク」に加えて、「新しいリスク」として、格差拡大やインサイダー／アウトサイダーの分断が指摘されている（田中 2017）。エイジング・イン・プレイスに資するコミュニティを構想するにあたっては、古いリスクに対応するだけではなく、若い世代やマイノリティなどすべての人々のウェルビーイングに目を向けることが必要である。

エイジングフレンドリー・コミュニティの開発は、すべての人々にとってホーム（home）や居場所を得て生活することの意味の探求や、そのために地域コミュニティや近隣環境を構成してゆく方途の洗練というテーマにつながってきたのである。高齢者のエイジング・イン・プレイスの向上にむけて行った、米国の一都市におけるホームの意味の調査に基づき、自我・個性（selfhood）とかかわる記憶や象徴、とくに解釈されなくても身体的に感じられる物質的な環境、経済的な基盤、そして互恵（レシプロシティ）など社会的ネットワークの結節点という4点が提示されている（Stafford 2009a）[8]。ホームは、建築物としての家や家族が生活をともにする家庭にとどまらず、自分らしさというアイデンティティや多様な人々の共同性のイメージとともに人々の生活に影響を与えるものと考えられる。エイジングフレンドリー・コミュニティにかかわり注目すべき点は、ホームはこれまで経験してきた場所だけではなく、これから作られる場所やイメージによって広がってゆく可能性に開かれていることである。

4　変動のなかのウェルビーイングへ

本書では、エイジング・イン・プレイスの模索は、慣れ親しんだところで住み続けることよりも、変動のなかにあっても居場所を得て心地よく暮らせることを目指して知恵や工夫を結集し、実践するプロセスと捉えている。こうした視点を掲げる理由は以下のとおりである。

第一に、これまでの「エイジング・イン・プレイス」に関する議論においては、住み慣れた自宅や地域で住み続けることがウェルビーイングと結びつく目的として重視されてきた。とはいえ、高齢者の状況は刻々変化し、病院などへ移動を余儀なくされる場合もある。高齢者であれ若い世代であれ、人生のなかで人々は様々な理由で移動し、別れと出会いを繰り返す。同じ場所で暮らしていても、高齢化や病気の経験を避けることは不可能である。一カ所に住み続けられると理想化される暮らしは、それが叶わないことやその限界に対する恐怖心を増大させるだろう。人生において多様な場所を利用する私たちの生活を考えると、高齢期を含む一定の年代や状況に対してのみ、自宅か施設かという問いで人々を一つの場所に押し込めることは適切とはいえない。また、状況によって住環境を選択して移動できること自体を、ウェルビーイングの要素として重視するケースもみられる。

移動して新しい環境や異なる文化に遭遇する状況でも、なお「ここが自分の住み処あるいは居場所」と感じられるとき、人々はどのような経験をするのか。本書では、「エイジング・イン・プレイス」を特定の「場」ではなく、「居場所」「ホーム」にかかわる感覚として捉える。これは、人々がただ自宅という場に居住するだけが「居場所」や「ホーム」を得ている感覚につながるわけではないこと、そして、すべての人々にとって人生は、むしろ移動や変動に満ちたものであることを認識したうえで、私たちがもっている、あるいはもつ可能性がある、生活を豊かにする要素を探索し共有しようとするものである。本書では、すべての世代のエイジング・イン・プレイスの充足に向けた日常生活における「気づき」の共有を目指している。

第二に、養生、すなわち生を養うことを考えることは、人々が環境や他者、そして自分自身とどのような関係を取り結ぶことを求めているのかを探求することである。それは、人々が自分とかかわる世界をいかにケアしているか、ケアしたいのかということとかかわっている。ケアは、前にもふれたように、気にかけるとか、関心をもつなどの広い意味をもち、問題点を完全に直したり解決したりすることが叶わない、変化のなかで生きる人々が、ウェルビーイングをどのように捉え実践するのかを照射する視座を豊かにすると考えられる（鈴木 2005: 356; 鈴木他 2010: 3–19）。

一方、少子高齢化やグローバリゼーションが進行する国々で、資源の分配にかかわるものとしての福祉のありかたが模索され、福祉保障やケアの倫理の基盤となる考え方が検討されている（塩野谷他 2004）。本書では、ただ単に他者を支援するという意味のみならず、自らのウェルビーイングと深くかかわり、何に思いを馳せて暮らし、関係性を取り結ぶのかという、多様なケアの希望を充足するものとしての福祉につながる観点から、エイジングフレンドリー・コミュニティについて考察を深める。[9] したがって、通常ケアの対象と目される人々のみならず、家族や専門職など、高齢者の生活を支援する立場にある人々のケアにかかわる希望をも視野に収める。高齢となった夫婦やカップルに関する研究において、不調を抱えつつもともに暮らし続けること（"togetherness"）を願い支え合う日々の実践が "we work"（ともに歩んでゆく）、互いにケアしケアされる関係性が、"interdependent"（相互依存）と表現されている（Torgé 2013）。本書では、ケアにかかわるすべての人が、そのことによって居場所を得て心地よく暮らせるような環境や制度をも視野に収める。

人生は、他者とともに渡る旅だともいわれるが、そこには人間同士のかかわりのみならず、自然や文化を背景とした物語やイマジネーションが鏤《ちりば》められている。高齢化に伴い身体機能が減縮する過程にあっても、周りの人や事物のみならず、より広い宇宙や世界の歴史や文化との交流を含む包括的関係性を紡ぎ続けるにはどのような環境や支援が必要かが問われている（権藤 2016）。

本書では、エイジングフレンドリー・コミュニティと養生を考えるうえで、人々が思いや知識・経験を語りあうナラティヴとその場の意味にも注目する。誰もが参加できる、唯一つの結論を求めない会話が、ともに生きる意味を問い直す機会につながり、そのことによって、誰もが居場所やホームを創り続け、どこにいてもアイデンティティを感じて遍在できる可能性があると思われるからだ。こうしたナラティヴの場は、ケアにかかわる人びとの生活やウェルビーイングにかかわる場に展開する可能性があると考えられる。[10]高齢者が自分の望む場所で年を重ねるエイジング・イン・プレイスにかかわるナラティヴは、個人のウェルビーイングのみならず、発信され共有されることによって、多様な地域の多世代の生活環境を再考することにつながってきた。そうした機会（場・人へのアクセス）を、可能とする様々な工夫・制度を検討し、完全に一緒には行くことはできないけれど、それぞれの希望に向かって歩みを進める伴走について考えたい。

人々のエイジング・イン・プレイスの感覚は、周囲に見えるものや交流できる人々だけで構成されるわけではないだろう。ここで使う「コミュニティ」には、人と人、人と環境、人と思い出や物語など、人々の様々な要素との交流から生まれる経験を包み込むいくつもの時空間という意味が込められている。互いに歩み寄って一つのコミュニティを仕上げるという観点ではなく、異なる文化的背景をもつ人々が交流することによって見出す新しい感覚や世界観について、現地調査に基づき照射する。[11]自分らしいとアイデンティティを感じられることがらや新しいものに出会う経験などが、人々のエイジング・イン・プレイスにどのような意味をもたらすのかに光をあてていく。また、そうした活動を保障する場としてのエイジングフレンドリー・コミュニティは、どのような機能と広がりをもつものなのかを、共有の場のありように注目しつつ考えたい。ウェルビーイングの心地よさや居場所という感覚をもたらすコミュニティとして考察の対象とするのは、現実の境界線で仕切られた空間というよりも、人々がそこに暮らしている、属している（belong）と感じられる様々な時空間である。

5　本書の構成

第1部では、終の住み処について自分たちで作り出そうとする人々の活動に焦点をあて、エイジング・イン・プレイスを構成する要素について検討する。異なる文化的背景をもつ人々がかかわりあう場としてのコミュニティが模索される過程にせまる。

1章では、近年目的を明確にしたインテンショナル・コミュニティがさかんに構想されているドイツの多世代コミュニティに注目する。多世代がともに使えるようデザインされた共有の場のありかたは、常に新たな課題を生み出してきた。人々は、ともに暮らすことやコミュニティをどのように捉えているのだろうか。

2章では、多文化社会カナダで、国境を越えて移動した経験を共有する日系の人々が創りだす、高齢者の住居施設について検討する。高齢者のウェルビーイングを豊かにするため住環境に「日本文化」を付加する様々なエスニシティの人々が、想像力を駆使し活動する過程で、多文化環境に生きる意味や新しい故郷の意味が浮かび上がる。

第2部では、高齢者たちが選択した新たな生活の場が、多様な活動の舞台として広がる過程をたどる。心身のリズムを聴くこと、新しい世界との出会いなど、すべての世代のエイジング・イン・プレイスにかかわる要素と、それに応える工夫に注目する。

3章では、米国で、高齢者が様々な活動を広げる拠点となる継続ケア付きリタイアメントコミュニティ（CCRC）に注目する。CCRCで暮らす選択をした高齢者たちは、この場をどのように活用するのか。またその場は、外部組織といかに連携するのか。エイジング・イン・プレイスに応えられる場としてのCCRCの広がりを追う。

4章では、米国のCCRCという場を利用して、認知症高齢者を孤立させないという目的で、ボランティアが高齢者たちと語り合う継続的な試みを検討する。この経験をとおして、ボランティアが何を見出すのかを考える。

5章では、スイスの都市郊外に創られた多世代居住コミュニティに焦点をあてる。自然豊かな地のこの施設は、学校やコンサートホール、レストランなど外来者が利用できる部分を備えている。楽しみや交流の機会のみならず、活動と休息のリズムの再考など、ウェルビーイングを吟味する環境と考え方に焦点をあてる。

第3部では、介護を必要とする高齢者にかかわる活動を追う。変化にさらされる高齢者の暮らしを支援するために、制度を生かし進められてきた生活支援と、その過程で交わされる会話のなかで、語られ聴かれ紡がれるナラティヴに注目する。

6章では、東日本大震災という変動を経験した地域で、多様なニーズをもつ高齢者や家族とともに生活の場を考える過程を追う。様々な施設や人々の力を組み合わせるケアマネジャーの活動現場における対話や交流に注目し、人々が支援者・被支援者という枠内に留まらず、思い出や文化資源を共有する状況について考える。

7章では、日本で高齢者たちが、実に多様な施設と自宅を柔軟に活用するさまを追う。介護保険制度のもとでケアマネジャーとともに、暮らし方を検討し、多様な機関を利用する人々と、施設の工夫にせまる。

8章では、デンマークやスウェーデンの高齢者ボランティアの活動、すべての人に開かれた生涯教育の機関フォルケホイスコーレ（国民大学、民衆大学）に注目する。もう一つの時間としてのボランティアや学びが、人々に語り合い物語を紡ぐ時空間を保障し、暮らしのありかたの可能性を広げる様相を考える。

終章では、高齢期の生活にかかわる各章の検討に基づき、すべての世代のエイジングフレンドリー・コミュニティを構成する要素について考える。

第1部

終の住み処をつくる

1章 多世代共生コミュニティという夢の行方

はじめに

1997年から、スイス北東部で地域の癒しや食文化に関し各地を訪ね歩くようになった。サンクトガレンやアッペンツェルなど、どの町も駅から少し歩くと商店街やレストランが並び、人々が行き交っている。街には頻繁にバスやトラム（路面電車）が走り、目的の地まで必ず運んでくれる。旅行者も安心して過ごせるような小さくても活気ある佇まいはどうしたら生まれるのか？　と不思議に思っていた。少子高齢化する社会に関し調査するようになった2005年以降、手に取った『人口減少社会の設計』（松谷・藤正 2002）にもヨーロッパの町のありかたが言及されていて、住みやすい町に関する興味を募らせた。実際、滞在させてもらったスイス人の家では、母親と自活するようになった娘たちは別々に暮らしていても頻繁に行き来できる距離におり、60代の母親は公共交通機関を利用して気軽に外出し退職後の生活を楽しんでいた。自立し一人で暮らすということと、人々の関係のとりかたに関する習慣の多様性に思い当たった。交通や交流など町の暮らしやすさに、様々な変革の可能性を感じるようになった。

本章では、気に入りの地域で、多世代がともに住むコミュニティを拓いた人々の経験にせまる。近年ドイツでは、目的を明確に掲げたインテンショナル・コミュニティ[1]がさかんに創られてきた。共生環境を問い直す人々が目指すコミュニティのなかでも、多世代コミュニティは注目されている。住人の共有の場が工夫される一方で、その利用は、常に議論となってきた。そこでは、困難な過程であっても、コミュニティ作りを推進する人々の工夫と考え方が照らし出される。「共生は戦い」だといいつつ調整を諦めない人々は、ともに暮らすことをどのように捉えているのか。丹精を込めて創ってきたコミュニティが終の住み処として構想されているわけではない状況で、人々はコミュニティをどのように捉えているのだろうか。自宅で暮らす人々を支えるドイツのユニークなデイケアのありかたとともに、近隣者による看取りなど、終の住み処への広がりを追う[2]。

1　ドイツの高齢者ケア

写真2　チェス用の場所を備えた高齢者対象施設の庭（カールスルーエ、2015年）

ドイツでは、出生率が低下する一方で平均寿命が伸長し、高齢化が進行している。高齢化率は21・5％（2017年）である。[3] 街角には、表からみると普通のビルディングのようだが高齢者が利用できる施設が散在している。たとえば、カールスルーエ市のものは、広々した敷地内に、医療や介護を受ける人々のためのナーシングホーム（nursing home 高齢者ホーム・老人ホーム）[4]、高齢者とは限らない認知症者対象の施設、生活支援サービス付き高齢者住居（アパートメントタイプ）、そして通所で利用できる心身の健康増進のためのデイケアを備えている。中庭は木々の間の道の両側に建物が散在する庭園と呼べるもので、チェス用の広場、ミツバチの箱、入居者の傍で暮らしたいと願う家族のための滞在型宿泊施設が設けられている。

外を歩くことは難しい状態にある人も、植木が整備された屋上のバルコニーに出て日光浴することができる。エレベータで、外へ出かける人とすれ違った。看護師によると、若年性認知症であるとのことだったが、館内のみにとどまるのではなく、できるだけ自由な活動を楽しめるよう声がけをしながら見守っているという。とはいえ、身体が弱ってきても、医療機関やデイケアに通いつつ養生し、多世代が暮らす町中の自宅で過ごし続けたいと願う人々もいる。そうした人々にとって、暮らしやすいコミュニティとはどのようなものなのだろうか。

2　ドイツのインテンショナル・コミュニティ――多様な人々が住まう試み

ドイツでは、様々なインテンショナル・コミュニティづくりの伝統がある。本章で紹介する多世代共生コミュニティを創ってきた人々も、自分たちのコミュニティを構想するにあたって、他所の多世代コミュニティや、女性たちが安心して暮らせるコミュニティなどの情報を得て参考にしたという。

たとえば、環境都市として知られるフライブルクに、1990年代から若い世代を中心としたSUSI（自立自力住宅地イニシアチブ）が推進してきたヴォーバン団地はトラム（路面電車）の終点を中心として広がっており、カーフリーの暮らしを続けている。トラムの線路の両側に建てられたせいぜい5、6階までの高さの集合住宅は、様々な人のニーズに応えるよう多様性のある作りとなっている。広い歩道では歩行者や自転車が行き交い賑やかだ。パラソルの下で椅子にかけ陽光のもとで過ごす人々がそここに見え、樹木の向こうの起伏に豊んだ公園からは子どもたちの歓声があがっている。しばらく周辺をそぞろ歩くだけでも、このコミュニティで共有されているコンセプトは、自然豊かな共有部分や公道を生かした、人々が交流しやすい環境作りであることがうかがわれる。

1998年から開始された女性の住宅建設協同組合によるコミュニティは、ミュンヘン東部郊外の駅から歩ける距離に位置している。ここもやはり共有部分の緑が豊かで、ベランダにはパラソルや植物が顔を出している。近くには、学校や高齢者ケア拠点や住居施設もあり、人の出入りが頻繁である。

いずれのコミュニティも、居住する人々の多くが外で過ごしており、暮らしの雰囲気が感じられる。実際人々が安心してのびのび暮らせるよう、安全面を含め話し合い互いに調整が行われているという。共有スペースと私的スペース、そして人間や自然環境によって構成されるコミュニティは、人々によって育てられる生き物なのである。

ハイデルベルク市の高齢者のための住宅サービス担当者に、高齢者が住みやすい住宅や仕事の状況について尋ねたところ、すぐに、市内で高齢者や障害者が担い手となってコミュニティ創出をしてきた2カ所を紹介してくれた。この担当者エマさんは長年看護師やデイケアのソーシャルワーカーとして仕事をしてきたが、とくに高齢者が市など公的機関から受けられる多様な支援を理解し、その申請を助ける活動の必要性を感じていた。エマさんの申し出により、高齢者住宅関連の支援をする部署が市役所に新設され、彼女がその仕事を担当することになって7年になるという。

エマさんはさらに、多世代コミュニティや自宅に居住する高齢者たちを支援するために開拓中のデイケアについても紹介してくれた。これらは高齢者たちが気に入った場所で生活することを支える両輪であるという。彼女自身、長年同じ集合住居に暮らしてきた近隣の人が病気になり入退院を繰り返して死を迎えるまでの間、デイケアなど複数の支援を受けつつ、看取りを行った経験をもつ。

3　多世代共生をめざす集合住居

写真3　住民がともに創った多世代コミュニティ住居（ハイデルベルク、2013年）

ここで注目する舞台は、多世代の人々が作り出した集合住宅である。ハイデルベルク市の住宅プロジェクト「プリスマ」という名称で、市から建設に関するアドバイスを受け住民自身が設計し創った住宅である。2009年末に完成し、2010年より居住している。2015年6月現在、63人が居住しており、成人36人、27人の子どもから構成されている。ここ5年に誕生した子どもは4人である。

このプロジェクトのスタートは2003年である。第一に議論されたのは、高齢者住居を念頭においたシニアハウジング・プロジェクトなのか、多世代が共生する生

写真4　中庭を望む共有テラスでティータイム（ハイデルベルク、2015年）

活の場を目指すのかであった。検討の結果、ほどよい距離を保ちつつ、交流し頼りあえる関係を作るという同じ希望をもつ人々が、世代を越えて支え合う相互扶助の暮らしを模索する、高齢者と若い世代の共生を図ることは手放せない、と目的が一致した。

ハイデルベルクは大学の町として知られており若者も多く住んでいるが、住居費は比較的高額である。「プリスマ」では、資金を貸し付けるなどの支援策を用意し、若い世代を呼び込み、分譲、賃貸含めて25戸の住宅を設けることとした。

設計については、毎週末集まって議論した。壁と適合したドアの色などについても、賛同者30人の意見が合わなければならない。努力して作ったが、施行後1000カ所の不備が確認されている。たとえば、水はけ、雨漏り、水回り、ブラインドなどに関する問題である。そういう意味では今も建設の過程ともいえる。

3-1　共有の場の開発と利用

ここでは、様々な物や知恵など資源の共有とともに、住人をはじめ許可を得た人々が使うことができる共有の場が工夫されてきた。

広々とした会議室は、共通の楽しみに使われるが、空いているときはレンタルスペースとしても活用し、それを収入として得ている。サーカスを生業としている居住者は、このスペースを利用して、サーカスの担い手を目指す若者たちの指導も行っている。

子どもたちの部屋は、13、14歳くらいの子が絵を描くなどの活動をすることを念頭に設けたものだが、実際は、より小さい子どもたちがとくに雨天時に使用している。この部屋のおかげで、子どもたちは雪や雨の日にも閉じこもらずに友人たちと会うことができる。洗濯場には、共有の洗濯機のみならず、洗濯にかかわる時間を利用した交流を期待して、干し場も設けてある。大型の道具も共通の部屋に設置されている。

ささやかな屋上のスペースは、椅子やパラソル、ラベンダーなどの鉢がおかれ、近隣の眺めや日光浴を存分に楽しめる場となっている。費用は悩みの種だったが、高齢になっても屋上テラスにあがれるようエレベータを設置した。住居の高さや屋上の設置などについて、近隣住民

写真5　廊下に設けられたスペース（ハイデルベルク、2014年）

との調整の話し合いも時間をかけて行う必要があった。

共有の場とプライベート空間のバランスに配慮もしてきた。集合住居と会議室の間の共有スペースは、子どもたちが活発に走り回る広場でもある。端に設けられたボルダリングウォールは、サーカスの訓練や子どもたちの楽しみの場である。また、自転車置き場や手作りのガーデニング用道具入れ場も設けられている。

このように庭の眺めや道具は共有だが、建物と共有地を囲む庭には個人のスペースを確保し、それぞれが思い思いにガーデニングを楽しんでいる。

共有のスペースはたとえ小さなものでも活用して楽しみの種を広げ、また、互いの状況を推し量りやすい環境を心掛けてきた。集合住居の階段はらせんとして中央の共通部分から見えやすい場に配置して人々の動きが感じられるようにしてある。各階の廊下には少し広いスペースを設けて、椅子を置き朝食をとるなど、交流の場として活用している。各住戸の前には自由に植物を置くことができるよう合意がある。これは近所に留守のあいだの花の水やりを頼むにも好都合である。実際、花の鉢を植物好きな住人の住居前に運んでおくと、ついでに水をやってくれる。共有廊下に面した窓は大きめにデザインされており、夏には入り口のドアを開け放している人もいて、互いに気配が感じられる。

こうした小さな工夫の積み重ねの結果、様々な世代が余暇活動をともにしたり、高齢者が若い世代の育児の手助けをしたりする、といった交流が生まれている。

3-2　相互扶助のコミュニティ

めざしたコミュニティは、住人たちによれば、「互助」（"help each other"）あるいは「相互扶助」（"mutual support"）を実践して暮らす場である。調理や洗濯機などの道具や車など、共有が適切と思われるものはその試みを続けている。

「相互扶助」は、誰もが平等に活動するという意味ではなく、長年中心的役割を担ってきた女性クララさんがあげた下記の例のように、それぞれの体力や得意分野を生かして行われている。

「雪かきは皆がしなければならないことだが、ここでは、早く起きる人や強い腕力をもっている人がやってくれる」、「皆が少しずつ共有スペースの掃除をしなければならないが、私が元気でないときは、友人がやってくれる。そのかわり、私は料理をして彼女を招いてあげる」、「（病気で）10週間留守にしたとき、（近隣者が）花に水をやってくれたり、メールボックスから手紙を出しておいてくれた」

買い物をついでにしてあげること、料理を少し多めに作って分けること、花の水やりなどは、負担にならない助け合いとして常に行われている。共通の会議室を使って、得意な人が中心となって、ヨガレッスン、子どもたちに裁縫を教える「裁縫の火曜日」などが継続的に行われている。他方、危険が伴う場合や責任が重いと思われる、子どもを預かることやベビーシッターは難しく、日常的には行われていない。

3-3　共生の模索

日常的に共有にかかわる様々なトラブルが発生しているが、住人たちはいろいろな障害があってもコミュニティづくりを続けてきた。最初から実践にかかわってきた人々は、コミュニティのありかたについて、「多世代、異なる者が分断せずにともに過ごすことを手放したくない」、と述べている。かれらは、自分たちのコミュニティを整えることは、より広い町全体にもかかわると考えている。近年、ハイデルベルクでも新しい移民が多く比較的貧しい地域と、高齢者がより多く住む地域に分かれる傾向がみられるが、こうした傾向が増幅しないように見守りたいという。気に入って住んでいる町が二分されるのはよくないから、自分たちが毎日暮らすコミュニティから町にかかわっていくのである。かれらにとって、「共生は人生の目的」であり、「齟齬を乗り越えるためにも、『共有する』という考え方と方法は、ベビーブーマーである自分たちが若い頃に培ったもの」だという。

とはいえ、クララさんは、「ともに生きる（"living together"）ことは、いつも容易というわけではない。ケアするというよい考え（"good idea of taking care"）ではあるが」と、日々経験する困難についても吐露した。定期集会を開いており、ある程度費用のかかる庭のシートを買うかどうかなどについては必ず皆で時間をかけて話し合う。実際、大きな変革に関しては、いつもなんとか合意に至ってきた。ところが、小さくみえることがら、たとえば、水の使用量に関する計算をすること、共有スペースの掃除、パーティーの行い方などが意外に難しいという。それらは、丁寧に扱わなければ大きな問題に発展する可能性もある。それゆえ、クララさんやカールさんなど初期からコミュニティを見てきたメンバーは、コミュニティは、「世話をしなければならない」（"You have to tend."）ものと語る。このところの新しい試みとして、マーシャル・ローゼンバーグ（Marshall Rosenberg）が提唱した、共感をもって続ける非暴力コミュニケーション（Nonviolent Communication）を応用したコミュニケーション・トレーニングの第1回目を開催した。19人が参加して、まずまずのすべりだしだと感じている。

3-4 終の住み処とかかわり・参加

このように自分たちの手で注意深く育ててきたコミュニティを、終の住み処として考えているのか、とクララさんたちに尋ねると、かれらは考えこみつつ次のように話した。クララさんたちにとって、第一に、できるだけ長くここに住むことがエイジング・イン・プレイスだという。だが、驚いたことに、「たとえ、いずれナーシングホームに移っても、自分がつくったこのコミュニティの近くで暮らせればそれでよい」という。自分たちが親しみ真剣につき合ってきた地域に暮らし続けることがエイジング・イン・プレイスであるとも説明を加えた。確かに近くのナーシングホームに入居しても、コミュニティの人々には容易に会うことができるだろう。実際に、いまも天気の良い日には、ナーシングホームの入居者たちは、コミュニティの前の日当たりのよい道を車椅子を利用して散歩している。信念に基づき自分たちが作ることに参加したコミュニティを包摂するコミュニティ、あるいは地域なら、それがかれらにとって終の住み処だというのだ。住居コミュニティは地域創りにつながってゆくのである。

4　個性的なデイケア――どこにいても町につながる高齢者たち

クララさんたちは、住み処としてのコミュニティに位置づくことが、より広い町や環境について考え、それらを構成する一員となることにつながると感じている。だが、もし、より生活支援が必要となったとき、人々はどのようにつながる感覚を得られるのだろうか。そうした生活を支える拠点の一つとして、デイケア施設があげられる。

エマさんの紹介を受けて、クララさんたちのコミュニティに程近いデイケアを訪ねた。ネッカー川沿いの集合住居ビルディングの1階にある広々した部屋からは、ゆったり流れる川と道路脇に高く茂った樹木の緑を楽しめる。スタッフのカミラさんは、一人で昼食の準備を手際よく進めながら、これまでの経緯を語ってくれた。

ハイデルベルク市では、高齢者が気軽に立ち寄りともに食事することなどを楽しめる場所の必要性を感じた女性たちが声をあげ、かれらが中心となってデイケアの充実が図られてきた。高齢者たちは町のどの地域に住んでいても近くに立ち寄れる場所があり、それぞれの事業所は、

写真6　集合住居の1階にあるデイケア施設（ハイデルベルク、2015年）

自分たちの特徴的なプログラムを開発してきた。カミラさんのところでは、体操、マッサージ、食事などの通常プログラムのほかに、散歩の時間を利用して、近隣の幼稚園と交流し、その成果としてバザーを共同で開催している。高齢者たちがデイケアで制作した絵などアート作品を販売することもある。

ハイデルベルク市南部郊外にあるデイケアでは、自然のなかで過ごす時間をとくに大切にしている。各地の癒しの伝統やドイツの森にまつわるヒーリングに興味をもち長年情報を集めてきたスタッフを中心に、実際、木々や自然の癒しの力を感じるために、森に出かけるツアーが企画されている。

興味深いことは、高齢者たちは毎日違うデイケアを訪問できることである。人々は、食事のメニューに合わせて、好きな場所を訪問し、異なる人々と出会い、イベントに参加することもある。市南部に住む人が、颯爽と自転車を走らせ、ネッカー川を越えて異なるデイケアに向かうこともある。この規模の町だからこそ、高齢者の多様な状況とウェルビーイングに応えるデイケアを、その時々で利用することも容易であろう。デイケアの重要な役割は、高齢者を対象としたサービスを活用する退職後の人々の生活を豊かにすることなのである。

もちろん、身体が弱って支援を求める人々もいる。たとえ調子が悪くてデイケアに来られないような日があっても、高齢者たちはしばしば電話でスタッフに様子を伝えてくる。情報を得てスタッフが、高齢者が必要なケアを他の機関から得られるように助言したり支援したりすることもある。つまり、デイケアは、ここに実際に来る人も、来られない人をも、ケアする方法を有しているのだ。デイケアは、高齢者たちが、町や人につながり続けるいくつもの道を拓いているといえよう。

おわりに

1章では、若い時代に町に暮らしてきたときのように多世代が存在する環境で暮らし続けること、移民の増加など変化を経験しても町が分断されないように異文化理解を深める姿勢、などを重視した高齢者を中心とする人々の多世代集合住居の構想を追った。この活動を中心となって続けていた人々にとって、選択した町に住むことや共生は、昔からの価値観であり、そのために工夫し続けることが場所を得て暮らすエイジング・イン・プレイスとなっている。

個々のプライバシーに配慮しつつ相互扶助を容易にするために、個人が管理する場所の確保とともに楽しみの場となるように様々な共有の場が創られた。とはいえ、それらの扱いは、しばしば対立のもととなった。だが、人々は、自分たちが重視する共生を手放すことはないという。まずは、暮らしのなかで具体的に自分がしてほしいことを人にもしてみる共生へと向かう。若い世代など他者のニーズを観察して対応を図る。共生の工夫は、際限がない戦いのようだが、その過程に取り組むことが居場所を得て生きる意味を感じる、エイジング・イン・プレイスなのである。そして、大切にしてきた価値観に基づいた構想と実践を行ったコミュニティがある地域であれば、高齢者対象施設に移動したとしても、何ら問題ではないという、エイジング・イン・プレイスのありかたが表現された。唯一つの自宅に住み続けるというのではなく、信念に基づき創った場がある町に住み続けることを目指す点で、終の住み処、あるいはホームは広がりをもつものとして提示されたのである。

2章　文化を語り味わう共有地

はじめに――多文化フレンドリービジティングとの出会い

高齢期に新しい住み処に移動するという選択に興味を抱いたきっかけの一つは、日本人高齢女性が住みやすい高齢者対象住居を見つけてカナダのトロントで生活をエンジョイしたという書籍を読んだことである。念願かなって、２００６年1月、凍てつくトロントへ向かった[1]。中心街も雪に覆われ、零下10℃の道はだいぶ冷たく感じられた。だが、縦横にはり巡らされた地下街は、多くの人が行き交い華やいでいた。

まずは、日系の人々や日本人がどのように過ごしているのか、その情報を得ようと日系文化会館へ向かった。様々な情報が貼りだされたセンターで、みつけた手掛かりの一つは、公立の

写真７　ナーシングホームの日本風の共有スペース（トロント、2006年）

ナーシングホームAに関するものだった。施設Aは、トロント西北部の韓国系や日系の人が多く居住する地域にあり、１９７９年に日系の人々のために40ベッドが整備された。各階ごとにエスニシティがある程度まとまっており、その他、認知症高齢者が入居する階も設けられている。

日系の人々が多く暮らす階には日本風の部屋がしつらえてある。障子ごしに柔らかい陽射しが感じられるこぢんまりとしたその部屋には、居心地のよさそうな椅子がおいてある。ボランティアの人々が協力して材料を揃え、住人や家族など訪問者などが過ごすために工夫して創りあげたという。

施設Aを訪問したのは、ちょうど日系高齢者たちのためのボランティアが来ている日だった。意外だったことは、ボランティアが多様なエスニシティから構成され、共通語も英語だったことである。日本に何らかのかかわりがあると考えているか、日本に興味のある人々の集まりという感じである。ボランティアは、水曜日に手作りの日本食を携えて入居高齢者を訪問するフレンドリービジティング（友好訪問）[2]や、毎月行われる居住者の誕生日を祝う昼食会に参加している。昼食会には、家族も手料理をもって参加することもある。さらにボランティアは、コースやワークショップ（工芸品づくり、歌、ビデオ鑑賞など）を企画している。遠出など特別企画もあり、日系の人々が喜ぶ内容を想像しつつ広げている活動全体が、カナダ民族文化協議会の認定を受けている。

戦後に日本からやってきたという80代の一世の女性は、自分で車を運転してきて、杖を使いながらシャキシャキと行動している。いま（現在）もっている元気と力を、いつか自分の終の住み処になるかもしれない場所とそこに住む人々のために、発揮しているようだ。こうした人々と話していると、人生における一つの仕事として、ボランティアの時間が生活に組み込まれており、そのことがあたりまえとなっているという印象を受けた。後に、様々な高齢者対象住居施設を訪ねたが、どの国でも常にボランティアは重要な役割を果たしている。実際、各施設や機関の報告書にはボランティアの人数や活動内容が記載されインターネットなどでも公開されており、公的な補助金などにかかわる評価の対象にもなるという。

1　異国で終の住み処を考える——文化という話題

1-1　生活支援サービス付き高齢者住居B

ナーシングホームへの訪問に続いて、トロント東部にある日系の生活支援サービス付き高齢者住居Bへ、またバスを乗り換えながら向かった。受付で問い合わせると、住居施設なので住人が対応してくれれば、入館可能ということだった。うれしいことに、星野さんという女性が応対してくださり、施設や部屋を見せてくださった。

1・2階はレストランや共有スペース、3階以上が一人あるいは夫婦で暮らす人たち用の1LDKや2LDKの個室になっている。広々したロビーの笹飾りには、葉に色とりどりの願い事を書いた紙がいっぱいにつけられており、日本でみるよりも日本らしい雰囲気だと感嘆した。ミーティングルームはさらに立派で、暖色系でまとめられた厳かな部屋に掛け軸がかけてある。趣味や生涯学習の部屋では様々なエスニシティの人々が集まって、墨絵や編み物を楽しんでいる。住居には日系のみならず、他のエスニシティの人々も居住しているうえに、趣味のクラスは外部にも開かれているという。広いホールでは、季節の催し物や太鼓の演奏が行われる。2003年にモントリオールで出会った多様なエスニックグループが繰り広げる「カナダデイ」のパレードで、「日本」チームが太鼓の演奏を披露していたことが思い出された。高齢者対象住居施設から、「日本文化」として太鼓の音が響くという情報は印象深かった。

写真8　日系高齢者施設B（トロント、2007年）

写真9　日系高齢者施設Bのレストラン（トロント、2008年）

施設はイベントばかりではなく、日常生活のニーズにも応える設備を備えており、館内のショップには食材もおいてある。より本格的に調理をしたい人は、施設から定期的に運行されているバスでスーパーマーケットにも出かけられる。そして、外部者も利用可能なレストランはおいしいと好評だという。ここで、星野さんを訪ねるたびにご馳走になったが、焼魚（鮭やサバ）など、その調理法や味付けは、ここは海外なのかと疑うような日本料理を食べさせてくれることが印象的であった。

このとき、とても新鮮だったこうした施設は、最近日本でも増加しているサービス付き高齢者向け住宅（サ高住）の範疇であろう。星野さんはアシスティッドリビングレジデンスと呼んでいた。この施設が日系の人たちによって創られた経緯は、次のようなものだ。かねてより日系の人々は、日本からやってきた一世の人々が言葉や食事に関し心地よく安心して居住できる場所を創りたいと考えていた。１９７０年代に設立され非営利団体（ＮＰＯ）の認可を受けた日系の財団は、日系コミュニティからの寄付によって高齢者用住居建設用地を購入した。１９８０年代にカナダ各地で、第二次世界大戦期の日系人の排斥、財産没収、強制移住などに対する補償（リドレス）運動が展開された。この運動にかかわり得られた補償金を資金の一部として、寄付や州政府からの補助を得て、この施設Ｂが建設された。当初、この施設は、一世のためのナーシングホームとして構想されたが、多文化主義を標榜するトロント市の方針、そして日系の人々の状況の多様化という現実に鑑みて、より多文化を意識した施設へと計画を修正した。そして周囲と「交流する存在」としての高齢者を念頭においた住居を構想したのである（鈴木 2008: 37-38, 42）。一人でいても心配がなくて、自分がやりたい活動が可能となるように生活支援サービスのある施設を求める人にとって魅力的な施設だと考えられる。入居希望のウェイティングリストに登録した後に入居まで時間がかかる場合もあるが、年金を受給していれば入居は難しくはないという。

この施設は、文化的プログラムだけではなく、日本食レストランと連携し、求めやすい価格で栄養にも配慮した日本食弁当を高齢者に届けるミールズ・オン・ウィールズ（Meals on Wheels：配食サービス、一般に車で届けられる）を企画・運営するなど、新しい試みの拠点にもなっている（鈴木 2008: 43; 鈴木他 2010: 169; 傳法 2008: 48）。日本食弁当は、味もよく健康にもよいからと、日系の高齢者以外からも注文があるという。

1-2　星野さんの暮らし

先に紹介した星野さんは、日本から移民し西海岸のバンクーバー周辺で漁業関連の仕事をしていた両親のもとで育てられた日系二世のカナダ人である。第二次世界大戦中ブリティッシュコロンビア州スローカンへの強制移住という経験を経て、東部ケベック州モントリオールで暮らしてきた。会社社長の秘書という仕事に就き定年まで続けたことを、誇りをもって語っていた。退職後も日系センターでボランティアをしてきたが、夫が亡くなり、終の住み処としてこの新しい施設を選択してトロントに移動した。80歳代の星野さんは、英語が主流であるバンクーバーやトロント、およびフランス語も多用されるモントリオールという言葉や文化の雰囲気の異なる地域、また都市と内陸部という土地を経験してきたことになる。

星野さんの部屋は、南向きの1LDKで、居心地のよさそうなリビングダイニングやベッドルームには、気に入りの家具やぬいぐるみ、手作りの実用品が置かれている。必要となったときに支援を受けやすいように、トイレも一緒になっているバスルームは、一つの部屋のように広々としている。80歳になって車の運転をやめたが、施設のバスのサービスを利用して食材などの買い物に出かけ、自分で好きなものを作って食べている。

星野さんの部屋は南側の恵まれた立地だが、ゼラニウムの鉢が置かれたベランダからはオンタリオ湖が見渡せて素晴らしいですね、と感想を述べると、星野さんからは、そもそも入居時に部屋を選ぶことはできないのだが、北向きの道路に面した部屋も人気がある、という意外な答えが返ってきた。部屋で多くの時間を過ごす高齢者のなかには、幹線の四つ角に近い建物の北側では車や人の往来があり、一日のリズムや活気を感じるという人もいるというのだ。様々な年代の人々が活動する場に身を置くことが、町や環境における包摂を実感することにつながっているようだ。

星野さんも、家にいる時間も外につながる感覚をもつときが多い。テレビでは、日本の放送（NHK）を見ることができる。父親を早くに亡くしたが、一人で育ててくれた母親は、星野さんが日本語も習得するよう熱心に教育してくれたという。そのおかげで日本語を理解できるので、情報入手や楽しみが広がっていることをありがたく思っている。テレビの周りには千羽鶴や日本を思わせる飾りものがいくつも置かれ、高齢になって暮らす新しい「ホーム」での時間が、幼い頃の家族との時間とつながっているかのようだ。

日本語も英語も話せる星野さんは、これまでも、日系の人にかかわる様々なコミュニケーションの現場で活躍してきた。この住居はボランティア活動の拠点ともなっているが、星野さんもボランティアとして、ナーシングホームへの日本食を携えたフレンドリービジティングや誕生日パーティー、バザーのために、日本の料理本から学んだ蒸し饅頭を作ることがある。電子レンジを使うその饅頭は得意な一品だが、日本で生まれ育った人に日本のものとは違うと言われ、がっかりしたこともあるという。

現在は、スローカンでともに強制移住とキャンプ生活を経験した同世代の友人もこの住居の住人となり、2人はしばしば一緒に過ごしている。友人たちも様々な趣味の時間を広げているが、およそ誰もが、パーソナルコンピュータ（ＰＣ）で様々な情報や人につながることを楽しんでいる。趣味のクラスのなかには、ＰＣの初歩について学べるクラスもある。パッチワークキルトを楽しむ人もいる。キルトづくりは北米でさかんであり、様々な展示会が行われている。それぞれが好きなことを、新たな住まいで発見し続けている様子から、仕事や子育てなどを経て、充実した時間を過ごす高齢期があると感じさせられる。

2　多文化社会カナダのエスニック高齢者住居

カナダでは、様々な高齢者対象住居施設が創られてきたが、とくに近年注目されているのは、生活支援サービス付き住居である。高齢者のウェルビーイングにつながる様々な活動を支援し、心地よく暮らせる場を提供しようとしたものである。オンタリオ州では、１９８０年代末より、ナーシングホームなどの高齢者施設を生活支援サービス付き住居に転換してきた（仲村・一番ヶ瀬 2000: 449）。

こうした高齢者対象住居施設でとりわけ工夫を要するのが、多文化社会カナダを構成する言語や食習慣、宗教などを異にする人々のエイジング・イン・プレイスを叶える適切なサービス提供の方法である。そのため、州政府などの公的機関は、文化や宗教に配慮した民間団体と協力する方向を模索してきた。その結果、日系をはじめ、中国系、ユダヤ系、北欧系などエスニシティや、宗教に基づく施設がみられる。それらを訪ねると、いずれの施設も、自分たちの文化や習慣を大切にしつつ、外部とつながる部分をもつよう努力している。

トロントのユダヤ系の施設で、私も将来ここに住むことができるだろうかと尋ねると、食事の習慣が異なるから難しいのではとコメントされた。だが一方、同じ敷地内にある、とくに認知症の研究や治療に力をいれている病院は利用できると保障してくれた。モントリオールでも、ユダヤ系の施設を訪ねたが、廊下にはコミュニティからの寄付だというたくさんの絵が架けられており、この施設を充実したものに育てようとする内外の人々の心意気が感じられた。

キリスト教再洗礼派メノナイトの高齢者住居施設を訪ねると、ここでは入居者の宗教を問わないということであった。集合住居の玄関脇には道路に面してガラス張りの明るい喫茶店が設けられ、居住者はもちろん外部の一般の人も利用でき、施設に賑わいを加えている。また、メノナイトがかかわってきた歴史のあるフェアトレード製品を販売している店舗も併設し、開放性を保持するとともに自分たちの信条を発信しつつ、交流する場となっている。

一方、バンクーバーでは、日系の人々が大規模な複合施設を創ってきた。ここには高齢者対

写真 10　高齢者住居施設に併設された日系文化センター（バンクーバー、2006 年）

象集合住居、生活支援サービス付き住居（ケア付き住宅）が隣り合って建てられている。さらに特徴的なのは、日系の人々の歴史と文化を紹介する日系文化センター・博物館を併設していることである。ここは、生活支援サービス付き住居のレストランとともに外部の一般の人々も利用することができ、「日本文化」を味わい交流する場を提供している。生活支援サービス付き住居に一人で暮らす高齢男性は、広々とした１ＬＤＫの陽当たりのよい部屋で、海苔にかかわる仕事をしていた若い頃のことを語ってくれ、今も毎日食べているという海苔を分けてくれた。しばしば彼の様子を見に来て話をするのは、最近夫を亡くした高齢女性である。伴侶を亡くすことがあっても、知り合いの傍で暮らせることはいいと思ったが、その女性によると、生活支援サービスを必要としていた夫が亡くなり、彼女自身はいまのところ生活支援を必要としないので、隣り合ってはいるが道路を挟んだむかいの独立型集合住居に移らなければならないとのことであった。

また、カナダ東部のモントリオールも同様な状況だが、フランス語が多く使われており、英仏どちらの言語が中心的に使われている施設が自分に適切か、検討が必要になるという。仕事を続けている人向けの高齢者施設もあり、ここには資金集めに適した大きなパーティー会場が設置されていた。

公立だが中国系コミュニティの協力を得て運営している高齢者対象住居施設は、中華街にある。部屋にも廊下にもすべて身体を支えられる設備があり、体力が弱っていてもそれを支えにして、サロンのテレビを見るためなどに自室から歩いて行けるようになっていることが印象的だった。内装も中国文化を感じさせるものだが、なんといっても、住み慣れたコミュニティの中で暮らし続けられるのはうらやましいことである。

写真11　先住民居留地の高齢者住居施設で家族の写真をみせる住人（モントリオール近郊、2010年）

郊外には、カナワケ先住民居留地があるが、そこの高齢者施設だけは他とは状況が違い、居留地に留まることを選択した先住民のみが暮らすことができる。外部との交流という意味では閉じた傾向があるが、平屋の施設では、入居者が安全に部屋の外の芝庭で過ごすことができることは特徴的だと感じられた。

このように、多文化社会カナダでは、高齢期にどこで暮らそうかと考えることは、自分の言語や文化を問い直すことでもある。

3　多文化協働と終の住み処

3-1　中国系複合型施設の展開

生活支援サービス付き高齢者住居Bでの生活を、星野さんを含め日系の人々はエンジョイしているようにみえるが、ナーシングホームは併設されていないので終の住み処としては不安もあるようだ。そうした背景もあり、自分たちの今後のことも含め日系高齢者のウェルビーイングの向上のために、一般のナーシングホームへフレンドリービジティングを行い、そして中国系施設Cとの連携をはかってきたという経緯がある（Suzuki & Hui 2014: 137）。

施設Cの創設者である医師を訪ねると、かれ自身、中国から両親と移ってきた一世で、多様なエスニシティの人々が高齢者たちの終の住み処を創るなかで、中国系の人たちのためにも同様の施設を構想したという。開発してきた3つの中国系複合型施設のなかには、ボランティアセンターや一般に開かれたコミュニティセンターを備えているものもある。こうした場は、施設内外の多世代がともに学んだり交流したりする一つの拠点となることを願って設けられている。複合型施設では、中国系カナダ人だけでなく非中国系の高齢者をも受けいれており、これまでにフィリピン、ベトナム等を含めた東南アジア諸国や、ポルトガル系の高齢者にベッドを提供してきた。

写真12　コミュニティセンターを併設している中国系複合型施設（トロント、2007年）

3つの施設のなかでも、施設Cは大規模であり、ナーシングホーム、生活支援サービス付き住居、若い世代も住める独立型住居の複合施設CCRCとして展開し、腎透析センターを併設していることでも知られている。ナーシングホームでは、看取りも行うので、キリスト教の牧師や様々な宗教に対応する人々が施設内に控えている。ナーシングホームの経費は、州で設定されており、入居待ちのリストには700人を超える希望がある（2014年）。

この施設Cがあるトロント北部は、中心部に位置する大きな中国系のコミュニティから大分離れているが、環境にも恵まれ、中国からの新しい移民が集中し、ここ数十年の間にもう一つのチャイナタウンに成長した。とはいえ、家族やボランティア、とくに都心の古い中国人コミュニティに住む人々には便利ではない。そこで創設者は、施設Cが新しい街の中心になるために、より多くのボランティアや訪問者を誘致する方法を模索し始めた。現在は、施設の外に住む人々も参加可能ないくつかのイベントが開かれている。将来は映画館などを備えた街として成長させる計画もある（Suzuki & Hui 2014: 134–137）。

3-2　日系ウィング

施設Cでは、「日系ウィング」と呼ばれるナーシングホームの250のベッドのうち、25のベッドを備えたユニットを日系カナダ人に提供している。部屋は一人用と二人用があり、個々にキャビネットと専用トイレが設置され、読書、テレビの視聴、訪問者の受け入れなどを楽しむことができる。部屋は支援を受けやすいように設計されているが、各部屋の入り口にはメモリーボックスがあり、思い出の品や気に入りのものを飾ることができる。メモリーボックスは、同じタイプのドアが続く中で、高齢者が自分の部屋を見分けやすいようにする役割も果たしている。

２００６年に100歳になった山田さんは、毎日米飯を２回食べることができるので、この施設Ｃでの生活が大好きだと語った。日本の米農家に生まれたが、家族とともに、ヨーロッパや米国を旅し、カナダに移住した。22歳で結婚し、家業のドライクリーニング業に従事し、２人の子どもと４人の孫を得た。80年以上前のバンクーバーへの移住によって、日本での高等教育は受けられなかったが、学習への情熱は失われず、この施設Ｃにきてから、中国語と英語を学んだ。

木村さんは、夫の死後、トロントで働く娘の近くに住むために、70歳で日本から移住した。治療が必要だったので、施設Ｃの日系ウィングに入居した。この施設が利用可能になる以前は、日系カナダ人は公立の長期介護施設に移らなければならなかった。中国料理と日本料理の両方を提供するダイニングルームがあるが、調理人は中国系の人であり、彼女は、とりわけ、日本の昆布の佃煮や漬物が懐かしいという。とはいえ、そうした希望を語る時間も、スタッフとの交流の一環である。食べ物で悩むことのみならず、ここで支援を受けながら、中国語を学び、麻雀を楽しんでいる。彼女が麻雀を始めると、にわかに活気に満ち、中国系の友人と会話し、食べ物や病気に関する問題などほとんど忘れているように見える（Suzuki & Hui 2014: 137–140）。ナーシングホームでは、ゲーム、料理、中国と日本の伝統の音楽など、様々なイベントに参加する機会が増えている。

施設Cでは、スタッフとボランティアが、エスニシティの異なる入居者間のコミュニケーションを図り、文化の違いを刺激的な企画にするよう活動してきた。日系と中国系の協働に重要な役割を果たした一人は、日本から移住した一世の田中さんである。田中さんは公務員として勤めていたが、北米の高齢者支援の重層性に興味をもち言語治療士の資格を取得して、家族とともにカナダに移住し、アウトリーチ・コーディネータとして高齢者施設BやCで仕事をしてきた。妻も、子どもたちの言語の問題に関する仕事をしており、夫婦ともに高齢者や子どもたちが異文化のなかで充実した生活を送るための支援に深い関心を寄せてきた。

田中さんが部屋を回って住み心地などを尋ねると、よく出てくるのが食事のことだ。居住者は、生活のなかで食べ物に関連する経験や思い出を共有し、新年や誕生日の祝賀など、季節ごとの個人的なイベントや料理の習慣に関する情報を交換する。大きく2つの文化が共存するこの施設では、互いの企画にも参加することができる。とくに食事関連は楽しい味見の会となる。スタッフと住民が文化の違いを認識するにつれて、問題に関する情報を共有し、解決するために互いに話し合う努力をしている。このようなカナダの地に、田中さんは母親を呼び寄せることを考えている。皆が工夫する場が、高齢期に暮らすのに面白い場所だと思うからである。

おわりに――新しい故郷：思い出と未来への想いを語る共有地

2章では、多文化社会カナダで、自分がアイデンティティを感じている文化のなかで、老後を過ごしたいと願う日系移民を中心に検討した。かれらは、自分たちの出自とかかわる高齢者対象施設を創り移動することを望んでいた。

移民経験のある人々が暮らす高齢者施設では、言葉、食事、住まいの雰囲気などの文化的特徴が重視される一方で、創ることにかかわる人々は、多様な文化的背景をもつ人々から構成されていた。文化をテーマとする施設創りの過程でかかわる人々は、文化に関する語りや情景に触れ、観察し想像しともに味わう。そしてすべてが叶うわけではないなかで、選択し創る時間を共有する。異なる文化に触れ考えることが、自分自身が単一のアイデンティティではなく重層性をもつということ――豊かさといってもいいかもしれない――を照らしだし、楽しみと新たな構想につながってゆく。高齢者対象住居の住人になっただけなのに、まったく新しい場所を創ることに参加し暮らしている。

エイジング・イン・プレイスは、車の運転を諦めるなど変化はあっても、日々の発見、気にかけてもらうこと、葛藤、発言の機会、などの賑やかさのなかにも見出される。そこには、（異）文化（アイデンティティ）を語り味わう共有地、居場所が確保されている。

エスニシティや宗教に基づく施設では、終の住み処が周囲に対して閉じたものにならないように様々な交流の工夫がなされていた。自分たちのウェルビーイングにつながるアイデンティティを感じる文化や習慣を大切にできる場を確保することは、多様な人々が利用できる場を広げ、地域の人々が生活や環境を考える拠点を提供することにもなっていたのである。

第2部
エイジング・イン・プレイスの実践

3章　広がる共有の場――高齢者コミュニティの重層化

はじめに――エイジング・イン・プレイスとコミュニティへの注目

本章では、宗教理念に基づく継続ケア付きリタイアメントコミュニティ（ＣＣＲＣ）の展開について検討する。ＣＣＲＣとは、慣れ親しんだ生活環境やコミュニティのなかで、心身の変化に応じて住む場所を変えることが可能な高齢者対象住居施設である。車社会といわれる米国では、とりわけ20世紀後半のベビーブーマー世代が、郊外の一戸建てで子育てをするライフスタイルから、高齢期に車を手放しても交通手段や交流が確保される住環境が模索され、多くのＣＣＲＣが作られてきた。

ここでとりあげるのは、キリスト教再洗礼派メノナイトという宗教を軸とするＣＣＲＣである。[1] 入居者の宗教は問わないが、創立の精神に基づき、「金が払えなくなったとしても、決して出て行ってもらうようなことはありません」という言葉を聞いたときの驚きが、ＣＣＲＣに関し考えるきっかけの一つとなった。ここでは、必要な生活支援サービスを受けながら希望する活動を続けられるように、ＣＣＲＣを終の住み処として選択した高齢者たちが企画している活動に注目する。それらは、ＣＣＲＣ、および連携する機関である教会や大学を拠点として、高齢者やその生活をサポートするスタッフ、そして町の住人たちに開かれる多彩な企画と時間を共有する実践である。施設や近隣コミュニティとの連携も含めコミュニティをつないでいくことによって、多世代がかかわるより大きなコミュニティを構想していく試みをたどる。

1　米国におけるＣＣＲＣ――相互扶助の歴史と現在

米国の高齢化率は15・4％で、日本の高齢化率27・1％（いずれも２０１７年）と比較すると度合いは低いが、高齢化は大きな問題と捉えられている。２０１４年には、平均寿命が78・9歳と、過去最高を記録した。[2] ベビーブーマー世代が高齢者となり、高齢化がさらに進行し、２

030年には高齢化率が19・3%になると予測されている（石田 2014: 93）。

米国の高齢者ケアの特徴は、エスニシティや宗教をベースとした民間企業やNPO（非営利団体）が重要な役割を果たしてきたことである。言葉や食文化を含む習慣などに配慮した支援に向けて公的財源が投入されるかたちで、きめ細かいケアが地域で工夫されてきた。たとえばサンフランシスコ市で中国系の人々を中心に高齢者ケアを進めてきたNPOオンロック（On Lok）は、市北部地域の高齢者たちを主たる対象としてデイケア（デイセンター）を展開するとともに、栄養バランスのとれた弁当を毎日一食届けている[3]。

本章で扱うCCRCの開発も、宗教的理念に基づき高齢者対象施設の問題点を改善してきた人々の実践に起源がある。コミュニティの国としばしばいわれる米国は、宗教やエスニシティに基づく様々なコミュニティから構成され、さらに、価値観に基づく実験の場としてのコミュニティが数多く試みられてきた。高齢者コミュニティのありかたに関しても、長年工夫が積み重ねられてきた[4]。

米国では、65歳以上の世帯数の10・6%（234・6万世帯）が、55歳以上の年齢制限付きリタイアメントコミュニティに居住していた（［2005年現在］加藤 2016: 235）。1960年に、元気な高齢者のウェルビーイングに注目したリタイアメントコミュニティ「サンシティ」がアリゾナ州に作られて以降、居住者や地域におけるその意義と課題が活発に議論されてきた（Trolander 2011）。1950年代に公設や非営利のナーシングホームに対して政府の補助金の支出が開始され、1965年にはメディケア（高齢者および障害者向け公的医療保険制度）やメディケイド（低所得者を対象に医療・介護費用の補助を行う連邦政府のプログラム）が創設され、施設介護サービスも給付の一部として提供されるようになり、民間のナーシングホームが急増した。1980年代には、ナーシングホームにおける介護サービスの質の改善が進められた（石田 2014: 94-95）。たとえば、医師W・H・トーマスは、人間の住み処（human habitat）として、草花が咲き誇り動物のいる庭で、鳥のさえずりや子どもたちの笑い声が聞こえ、高齢者が交友（companionship）や他者を世話する喜び（pleasure for caring others）を得られる、ホームのような社会環境として「エデンオルタナティヴ」の開発に取り組んだ（Thomas 1996: 2-3, 28）。さらに、様々なタイプのサービス付き高齢者住居、米国の特徴的な居住コミュニティとして成長してきたリタイアメントコミュニティ、そして、ケア付き住宅やナーシングホームを同一敷地内に設置し心身の状況の変化に対応して、コミュニティ内で移動ができるCCRCが展開されてきた（仲村・一番ヶ瀬 2000: 172-177; クルーム 2008; 鈴木他 2010: 170; 松井 2014: 22）。

1970年代以降、CCRCは急速に普及し、全米に約1900（2013年現在）の施設が存在している。運営主体としては、非営利団体が約8割、営利企業が約2割となっており、約半数が宗教組織との関連性をもっている。CCRCについては、各州で早くから規制を明確にする努力がなされており、他の住居施設に比べて品質が保障されやすい傾向があるといわれる。また、心身が活発である時期から入居することが推奨されているCCRCは、高齢期でもコミュニティに参加し作り手となることが期待されていることと同時に、CCRC全体として一時入居金に基づく相互扶助的な保険類似のしくみをもつという利点もある（松井 2014: 23, 25, 28-30）。それゆえに、CCRCも様々な呼称で呼ばれてきた。たとえば、継続ケアリビングコミュニティ、ライフケアコミュニティなどである。そこには、住人が創り続けるコミュニティという意味が込められている。

2　信教に基づく非暴力・平和主義から福祉へ

2-1　再洗礼派の生活実践

再洗礼派には複数の起源があるが、いずれも16世紀の宗教改革の時代に、聖書を読み自分の意思で信教する成人が洗礼を受けることを主張し、スイス、ドイツ、オランダなどを中心に、信仰を共有するインテンショナル・コミュニティとして教会を構成した。チューリヒを中心に結成されたスイス兄弟団などのグループを擁する。メノー・シモンズ（Menno Simons 1496–1561）に率いられたメノナイト、より厳しいきまりを提示して分離したアーミッシュ[5]、フッター派、敬虔派などがある。

再洗礼派の人々は、個人の信仰とそれを支えるコミュニティを整えることを重視した。かれらは、幼児洗礼を否定したうえ、聖書の解釈に基づき教会と国家や政治権力との分離の徹底を主張し、非暴力をつらぬくため軍隊への参加を拒否などしたので、社会的にも宗教的にも激しい迫害にさらされ、ロシアや北米に移住した[6]。米国では、近代化に関する議論と分離によって様々なグループが生まれた[7]。馬車を使い公共の電気を使用せず学校教育の期間を制限し、無地の装いをしているアーミッシュは、現在、北米を中心に居住し、他方、より現代的な暮らし方を採用しているメノナイトは、世界各地に広がっている（鈴木 2017: 32–35）。

2–2　良心的兵役拒否とその代替活動の経験を生かしたケア施設の開発

多くのメノナイトは高等教育を受け現代社会により適合した生活をしているが、非暴力や徴兵拒否については、アーミッシュとも共通に一般社会との齟齬を経験した。この問題の解決に向けて、歴史的平和教会として知られるメノナイト、ブレズレン、クエーカーは、平和に関する会議（カンザス州　1935年）を開き、その後、良心的兵役拒否と軍事活動の代替について調整した。とくに、代替活動として、精神病院や高齢者ケアの現場に携わり、施設の問題点を知り、またケアの技術を磨いた。第二次世界大戦頃まで良い質とはいえなかった高齢者ホームの改善を含め、施設の開発を進めてきた（鈴木 2017: 135–140）。

無抵抗や平和主義の基底にある考え方や福音主義に基づくケアの姿勢は、再洗礼派が運営するCCRCのパンフレットにも記載され、メノナイトの創始者メノー・シモンズが1539年に述べたという言葉にも表現されている。

> 真の福音主義の信念は、休むことなく、裸者に服を着せ、飢えた者に食べさせ、悲しむ者を慰め、貧窮の者に住み処を与え、自分たちを害する者にさえ手を差し伸べる。傷つけられた者を結びつけ、すべての物をすべての人々のものとする。（Mennonite Church USA n.d.）

この言葉のうち、「傷つけられた者を結びつけ、すべての物をすべての人々のものとする」という記述には、「真の福音主義の信念」は、資源を分け合うこと、そして、傷つけられた者が生きてゆくための関係性の構築に心を砕くことに向けられており、一時的に支援を与えることに留まらない継続的実践であることが表現されている（鈴木 2017: 108）。

3　広がる――外部施設・多世代の交流

3-1　多世代が暮らすコミュニティを目指す中西部の町

本節では、高齢者対象コミュニティが、大学・教会と連携し、異なるグループ・多世代がつながる活動を町に広げていく様相をみてゆく。対象としている高齢者対象コミュニティは、インディアナ州北部の人口3万2000人強（2014年）のゴーシェン市にある。この地域は、近年ラストベルト（Rust Belt さびついた地域）と呼ばれる地帯の一つである。実際、製造業の不振や東西地域の都市に若い人々が流出する傾向もある。他方で、危機感と地元の町の歴史を見直すという観点から、様々なプロジェクトが進行している。たとえば、小さな町々をつなぐ道づくりがある。車社会の米国で少しずつ歩道を整備していくのだ。それは、歩ける安全な町を全体として創っていくことにつながっている。これらの道はホスピタリティロードとも呼ばれ、たとえばインディアナ州ウェストフィールドでみられるように、19世紀に奴隷解放に協力した人々が活動した道に関する情報を提示することもなされている[8]。人々が道を様々な方法で活用することを誘うかのように、広々とした歩道に人形やベンチなどを配置した町もある。こうした活動を介して、価値観が共有され、多様な人々が住む多世代共生に関心のある地域づくりを模索している。

写真13　警察官の人形が案内している遊歩道が整備された町。ベンチで寛ぐ人や買い物客、子どもたちなど多世代の人形も生き生きと配置されている（インディアナ州カーメル、2016年）

ゴーシェンでは、農業と小規模製造業が主たる産業である。再洗礼派の最も伝統的なグループであるオールドオーダー・アーミッシュが居住していることでも知られている。街のメインストリートには、19世紀の建物を生かした店舗、劇場、レストランなどが並んでいる。近年、歩道の端には、有志によるフラワーポットが置かれるようになった。同じメインストリートに設けられている低所得者向けキッチン（食事提供所）の入り口前の木陰にはベンチも置かれ、食事を終えた人々が会話を楽しむ場所にもなっている。メインストリートには、もう一つ、メノナイトが開発してきたフェアトレードの店テンサウザンド・ヴィレッジズがある。信教にかかわらず参加できるので、多くの高齢女性ボランティアが活動している[9]（鈴木 2017: 212–214）。ゴーシェンには、メノナイトによって１８９４年に設立された小規模な大学があり、多様なエスニックグループの学生が学んでいる。中国などアジアにおける半年間におよぶ研修が授業に組み込まれており、教員や学生たちも国外の状況を肌で感じる体験をする機会となっている。

高齢化率に関しては、10％近くが65歳以上で、75歳以上が9％である（２０１５年）。町の人々が「シニアリビングコミュニティ」と呼ぶＣＣＲＣは、大規模なものが一つと、小規模な数施設が町の周辺に位置している。他に、精神病者や認知症者の施設が設けられているが、いずれも、メノナイトが中心となって開発してきたものである。親がこれら施設で生活している場合、子ども世代が仕事帰りに訪ねたり、親たちが休日や祭日などに子どもや友人の招待を受けることが頻繁になされている。

3-2　ＣＣＲＣにおけるコミュニティの構成と近隣との連携

町で最も大規模であるＣＣＲＣはメノナイトによって１９６２年に設立され、１９６７年に住人へのサービスが開始された。ＮＰＯによって運営されており、１９９０年にＣＣＲＣの認証を受け、米国で最初の100施設のうちの一つとなった。終の住み処として、独立型住居、生活支援サービス付き住居、ナーシングホーム、その他のサービス機関から構成されている。住人は約１２００人で、約550人のスタッフとのべ500人以上ものボランティアが働いている。入居者の宗教は問われない。

生活支援サービス付き住居は、入居経費が数段階に設定されており、たとえば、ミッション活動などを行ってきて潤沢な年金をもたない人も入居可能であるよう配慮がなされている。贅沢なつくりではなく、つましいホームという印象があるが、イベントによる資金集めや寄付を募ることによって、誰もが安心して長生きできる場になるように努力が傾注されている。

写真14　CCRCの独立型住居（ゴーシェン、2010年）

施設中心部に設けられたシニアセンターは、１９８７年から、教育、健康、社会、文化そして旅行を含むレクリエーションの機会を提供している。連携している高齢者対象デイケアは、近隣の施設において行われている。

入居者向けパンフレットには、核となる価値観（Core Values）として、次の３つが提示されている（Mennonite

Church USA n.d.)。

非営利（Not-for-profit）：メノナイト・ヘルスサービス・アライアンスによる非営利の組織で、エイジングにかかわるインディアナ・アメリカン・ホーム・サービス・アソシエーションと連携している。

宗教に基づく（Faith-based）：いかなる宗教をもつ人々にも、またどのような経済状況にある人々にもサービスを提供する。これまでの2000人の住人たちは、20の宗教を信仰する人々であった。

ミッション（Mission）：メノナイトの価値観と高い水準のケアを備えた「いくつものコミュニティから構成される一つのコミュニティ」"A Communities"は、すべての人のエイジングにおける創造性、貢献、そして挑戦を大切にするダイナミックないくつものコミュニティを創ることにかかわってゆく。

ここでは、身体状況によってコミュニティ内で移住可能なCCRCとして、55歳以上の住人に選択の自由を提供する一方で、住人のみならず、近隣コミュニティへのサービスによって、町の人々が安心して暮らせるよう活動していくことが目的として提示されている。そのために、多様な施設を備え、アウトリーチを行い、教会、大学、病院、認知症者施設、精神病者施設などと連携している[10]（鈴木 2017: 142–143）。

3-3　CCRC住人の活動から広がる資源共有

このCCRCには、住人それぞれが生活の希望をもって移動してきている。多くが近隣から移っているが、遠くカリフォルニア州からやってきたメノナイトの信仰とは関係のない人たちもいる。そうした人々の一人であるヒルダさんは、自立しているからこそ、親族や友人といい関係を保つことができると考えて、移動を決めたという。

以下では、3名のメノナイトの人々の移住の経緯をたどる（年齢は2015年時点）。

ローズさん（100歳女性）は、メノナイトのコミュニティのなかでは、教育程度が比較的高い家で育った。若いときに両親が死去した。大学卒業後、結婚し4人の子どもを育てた。大学の役員の妻として様々な役割を果たした。米国以外のいくつかの国にも居住し、地域、国、国際的な事柄に精通し、平和と正義に興味をもっている。夫の身体的状況の悪化に伴って、CCRCに居住することを選択した。現在（2015年）は未亡人となっている。

ジャネットさん（92歳女性）は、大学の役員だった父親の死後、厳しい経済状況のもとで母親によって育てられた。子どもは3人であった。美術と音楽（当時、彼女の教会では一般に認められていなかった）を勉強し、大学教員になったという例外的な経歴の持ち主である。多様な音楽を研究し、退職後も地域や国外で教育に従事してきた。結婚せずに暮らしてきたが、幼い頃から居住していた家を一人で維持することが困難となり、CCRCに移動することを選択した。

ケンさん（89歳男性）は、メノナイトのなかでも、より厳格なグループのコミュニティで育った。牧師や司祭として複数の地域で働き、より現代的な考え方をもつようになった後も、当時の教会の人々と交流を保ってきた。ゴーシェンには退職後に妻とともに移り住み、結婚した娘の家に居住した。妻の死後、娘も退職年齢に近づいた時期に、彼はCCRCに移動することを選択した。身体状況の変化に伴い、インディペンデントリビング（独立型住居）から、アシスティッドリビング（生活支援サービス付き住居）へ移動したが、ブログを活発に続けている。

CCRCでは、こうしたコミュニティ住人の生活に関する希望を聴き取る機会が多く設けられており、エイジング・イン・プレイスについてさかんに議論がなされる。1年に一度、コミュニティでは、人々の大きな希望を叶える試みをしている。自立しているからこそ親族や友人といい関係を保つことができると語っていた女性ヒルダさんは、気球に乗ることを希望し、その夢を叶えることができた。大工として生計を立ててきた男性ヘルマンさんは、施設内の木

写真15　CCRCのランチミーティングで暮らしの希望を語りあう高齢者たち（ゴーシェン、2010年）

工所を整備し始めた。コミュニティ内の仲間と働きながら、将来はクラフト・ホビーショップを併設し販売も行いたいと考えている。100歳を越えたミリアムさんは、友人を見舞うために、広大な敷地の施設間の移動で雨にあたらないよう屋根のある道を整備することを希望していた。

施設内外における見舞いや訪問は、人々の日常生活の一コマとなっており、住人のボランティア活動としても定着している。交通の拡充は、異なる状況にある人々がともにいることや、様々な場所へのアクセスを可能とするために不可欠であり、歩行支援用シルバーカーや車椅子を用いている高齢者も、車の送迎などのサポートを得て、施設外へも頻繁に出かけている。

住人たちは、ケアされるばかりではなく、ここを拠点として、様々な活動を展開しており、そのことがこのコミュニティを他のコミュニティに結びつけ、コミュニティを広げてゆくことにつながっている。様々な企画と多様なコミュニティにかかわり続ける暮らしが、近くの大学や教会との連携によって、町に広がっているのである。

以下では、住人のウェルビーイング探求が、社会、教育、宗教をめぐるいくつものプロジェクトで展開されている様相を検討する。

【社会的コミュニティ】

CCRCの住人は、全く新しい土地や遠くへ移住するとは限らないが、人生において旅の経験を有している者は比較的多い。その理由の一つとして、メノナイトは世界各地に信者を擁するメノナイト教会のミッション活動を含め、互いに行き来したり、ミーティングなど対面で会うことを重視しているからである。

皆に共通なのは、元気なうちにCCRCに移動することを選択したこと、そしてコミュニティにやってきて、新しい仲間ができたことである。夫婦で入居した住人の一方が弱ってきたとしても、友人や知人と助け合いながら暮らし、交流を続けることができる。

実際に、このCCRCを舞台として音楽イベントが行われている。住人は、演奏者かつ聴衆として参加し、楽器の調整や演奏には外部者も含め若い世代が協働している。毎年12月にはいくつものコンサートが行われ、寒さにもかかわらず町の人々もやってきて、CCRCは明るく賑わいをみせる。

また、演劇企画もさかんに行われている。この企画の特徴は、住人とスタッフがともに参加することである。日常生活において支援者・被支援者の立場にある人々が、余暇を共有するの

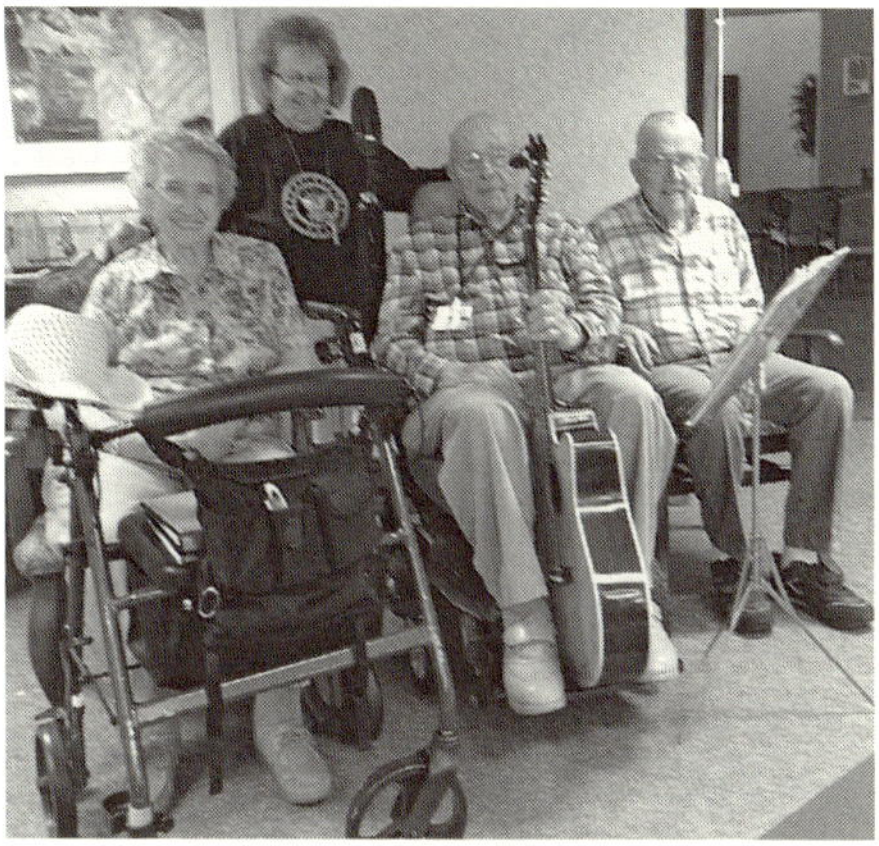

写真16　CCRC居住者が構成する音楽バンド（ゴーシェン、2015年　ジョー・A・スプリンガー氏提供）

写真17　住人とスタッフが参加する演劇（ゴーシェン、2015年　ジョー・A・スプリンガー氏提供）

である。施設は、スタッフにとって仕事場であるだけでなく、楽しみの時間をもつ場となることも重視されている[11]。

特徴的なものとして、関心を共有する人々が結成するインタレストグループがあげられる。たとえば、「平和に向けた活動をする高齢者」である。具体的な活動として、講演会を開いたり、関係諸機関に手紙を書いたりする活動を続けている。こうしたグループ創成は、容易に仲間に会える環境のおかげだと、メンバーたちは考えている。

【教育コミュニティ】

教育コミュニティは、様々な教育の機会を作り出していく人々の集まりである。「セルフ・オーガナイズド」と人々が呼んでいる内容は、かかわる者すべてが「知的なインベストメント（投資）から利益を得る」生涯教育と考えられている。

テーマが決まると、話題提供者について検討する。CCRC住人の元教員が講師のときもあれば、大学と協働し若い世代に講師として参加してもらうこともある。こうしてトピックは、退職教授などの住人の専門領域、健康に関する情報、地域にかかわる問題などに広がっていく。コミュニティと大学が連携した学びの場は、町の人々が参加できる生涯教育の機会を提供している。

【宗教コミュニティ】

宗教コミュニティへの参加は、より広い年齢層の人々を含む活動に統合されるものとなっている。たとえば、前述したローズ、ジャネット、ケンの3人すべてがCCRCの住居から1キロ以内の同じメノナイト教会に属している。その教会の日曜日の礼拝にはしばしば400人もの人々が参加する。礼拝に参加できない人のためには、CCRCも含めた外部に礼拝のライブ放映も行われる。

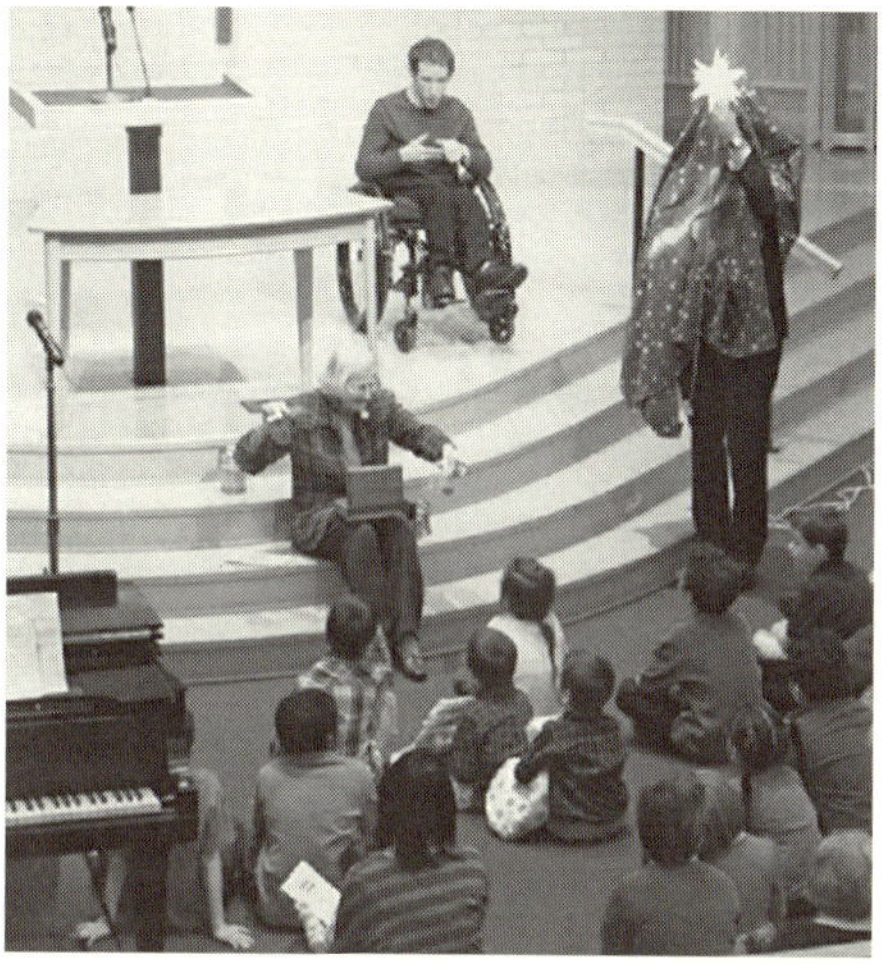

写真18　旅の経験を子どもたちに話す高齢者（ゴーシェン、2015年　ジョー・A・スプリンガー氏提供）

教会と連携した活動によって、コミュニティの住人の居場所は重層化している。教会のクワイア（choir 聖歌隊）に属しているCCRCの高齢者たちは、より広い年齢層の人々と歌い続けることができる。

また、教会では、CCRCの住人など高齢者たちとの連携により、子どもたちとの交流の機会も設けられている。こうしたときに、子どもたちは、高齢者たちから移動の経験や住んだ場所、見た景色について聴き、世界を広げることができる。教会には、様々な用途に利用できる部屋がふんだんに用意されており、そうした場所を利用して、子どもたちにハンドクラフトなど培ってきた技術を教えることもある。

【アウトリーチと多世代協働】

CCRCの住人を含む高齢者たちがより広い地域で行う活動として、刑務所への慰問や自転車のリサイクル運動などがあげられる。いずれの活動もボランティアがベースであり、多世代協働の核となっているのが高齢者たちである。

【ライフコースのイベントや季節行事の共有と相互扶助】

教会員の子どもの誕生に際しては、皆が贈り物をする会が設けられる。集まった贈り物は、教会員以外でも同じように小さな子どもたちがいる家族に贈られる。こうした楽しみと相互扶助のイベントでもCCRCの住人がボランティアをしている。

またクリスマスには、持ち寄りパーティーが開かれる。参加者やボランティアが持ち寄った手作りの食事を楽しむ会は、多くの人とともに食事をしたいと望む人々に開かれており、孤立を防ぐ工夫の一つとなっている。

おわりに――いくつものコミュニティから構成されるコミュニティへ

3章では、宗教に基づき運営されてきたCCRCが、大学や教会と連携し、施設の機能の拡大とともに、多様な人が利用できる共有の場を創り出していることをみてきた。自分らしさ（アイデンティティ）を継続したい、だから移動し、第二の人生において自分にとって意味ある活動をワークとして模索し実践してゆく（Freedman 2007）といった、米国一般と同様の傾向がみられる。具体的には、見舞い、多世代交流、ボランティア活動などが可能となるように、アクセシビリティの向上を求め、ケア活動の拠点・舞台を人々は作ってきたのである。とはいえ、それらは、建物などの大きな変革ではなく、周囲の機関や町に広がる共有の場を誰もが参加しやすい形としてきたのである。人生の歩みを多くの人々が共有する時間が設けられており、どのような人々も参加できる機会がある。CCRCという施設が、連携によって、エイジング・イン・プレイスに応えられる場として広がっている。それは、生活基盤を共有する人々の地域に根ざしたコミュニティとその共有地としてのコモンズや、明確な目的を共有する人々のみのアソシエーションではなく、境界を越えて広がり多様な人々を包摂してゆく「いくつものコミュニティから構成されるコミュニティ」の起点となっている。

4章 認知症高齢者のエイジング・イン・プレイスに向けた協働

はじめに

本章は、米国において、認知症高齢者の孤立感の緩和とエイジング・イン・プレイスに向けて開発されてきた「メモリーケア」について検討したものである。この実践は、「ブリッジ（Bridge）」（つなぐ者）と呼ばれるボランティアが、「バディ（Buddy）」（仲間）と呼ばれる認知症高齢者と対面の交流を続けることによってなされる。2005年以降、メモリーケアは、NPO（非営利団体）メモリーブリッジと中等・高等学校の連携により、カリキュラムの一環として続けられ、100以上のホスピスにおいても、スタッフやボランティアと認知症高齢者が交流する方途が模索されてきた。こうした場で、バディは、ブリッジの指導者・教師と位置づけられている。

本章は、メモリーケアをキーワードとして認知症高齢者と交流する試みに注目し、認知症高齢者のウェルビーイングとケアすることの意味について検討する。[1] ブリッジたちは、認知症高齢者が社会的に孤立する傾向にあることを憂慮し、対面の一対一の語り合いやタッチ（触れること）によって、コミュニケーションの道を拓くことを試みている。さらに、認知症高齢者とその周囲の世界、すなわち認知症高齢者自身、その家族、他の専門職者などをつなぐ要素としてのブリッジの側面と、メモリーケアの活動とブリッジ自身のウェルビーイング観との関連にも注目する。

1　メモリーブリッジの活動──「長いお別れ」への挑戦

メモリーブリッジは、2003年に「もしも、わたしたちが、認知症の人々が生きている限り、つながっていられたら」という問いから生まれた。創始者マイケル・ヴェルデは、個人的な経験から、「長いお別れ（the long goodbye）」の過程という認知症の捉え方は、あまりに単純であると考えていた。病気が進行する過程にあっても、人々は、親しさや喜びの瞬間を経験するために、新しい言語――語ること、語られないこと、そしてアートによる表現――を学び続けられると信じていたのである。

この着想から、メモリーブリッジ（かつては、メモリーブリッジ：アルツハイマーと文化的記憶のための財団）は、活動にあたって二つの主たる領域を設定した。第一は、一般社会における認知症の理解を深めることに資する情報を提供すること、第二は、認知症の人々の孤立感を緩和させるために、他の人々と感情豊かにつながることに向けたプログラムを創出することである。

これらの目的を実現するために、メモリーブリッジは２００４年に非営利団体の資格を得て、スミソニアン・フォークライフ・文化遺産センター、および国会図書館と連携して、退役軍人のオーラルヒストリー・プロジェクトのために、認知症の退役軍人のインタビューを行う際のガイド作成に協力してきた。

２００５年には、イリノイ州のメモリーブリッジ・スクールイニシアチブが試行された。このイニシアチブは、高齢者対象施設において、中等学校の生徒を認知症高齢者と一対一で交流させるものである。12週間におよぶプログラムは、聴き取りや想像することを通して、生徒たちに認知症高齢者との様々な付き合い方があることを示した。そして、シカゴ・メモリーブリッジ・イニシアチブは、中等・高等学校の生徒と認知症高齢者が、少なくとも3か月以上にわたって、一対一の関係で付き合い続けるカリキュラムを実施してきた。このカリキュラムにおいて認知症高齢者は、「共感をもって聴くこと（empathetic listening）」の技法を学ぶうえで、若者たちの導き手（ガイド）、あるいは教師として位置づけられた。2011年には、この教育カリキュラムを、南アフリカ共和国の大学教員、高等学校教員、ソーシャルワーカー、そしてコミュニケーション・セラピストに伝え始めた。

メモリーブリッジが開発した方法は、2006年に、イリノイ州のロングタームケア（長期ケア）委員会の革新的プログラムにも「メモリーケア」として、取り入れられた。メモリーブリッジの経験は、2008年のPBS（公共放送サービス）ドキュメンタリー「ここにつなげる橋がある（There Is a Bridge）」などによって発信されてきた。そして、2013年に、メモリーブリッジはフロリダ州パームシティのケア施設の一つDで、認知症高齢者と交流するトレーニングを提供し始めた。

2013年に、メモリーブリッジは、世界各地の人々のため夏季研修会を始めた。2015年5月に、メモリーブリッジは、「ともにいる（being with）」コミュニケーションの理論と実践について理解を深める目的で、ロンドンのホスピス運動の根拠地の一つであるセント・クリストファー・ホスピスから招待を受けた。このようにメモリーブリッジは、認知症高齢者とのコミュニケーションを続ける「共感をもった聴き取りと交流」の方法を議論し、ブリッジとバディの関係に焦点をあててケアの意味を問い直してきた。

2　ＣＣＲＣを拠点としたメモリーケアの実践

2-1　高齢者対象住居・ケア施設へのメモリーケアの導入

ここでとりあげるのは、メモリーケアを実践してきたフロリダ州パームシティの継続ケア付きリタイアメントコミュニティ（ＣＣＲＣ）Ｄである。ここでは、２０１３年に、メモリーブリッジと連携した認知症高齢者に関する勉強会の場を提供し始めた。そのきっかけの一つは、施設ディレクターのアンさんが、メモリーブリッジに関する情報を得て、興味を抱いたことである。

パームシティは、高齢者（65歳以上）人口比率が29％を超えており、米国のなかで高齢化率が高いフロリダ州（19.5％、２０１６年）のなかでも、高齢者が住みやすい環境への関心が高

写真19　継続ケア付きリタイアメントコミュニティ（CCRC）Dの庭と道（パームシティ、2015年）

い地域である[2]。パームシティは、温暖な気候や治安が良いことでも知られており、退職後の高齢者の移住先としても注目されてきた。この地域では、ホスピスや美術館においても、メモリーケアやアート、音楽などを総合的に用いて、認知症高齢者との交流の試みが精力的になされている。

アンさんは、修士号をもつソーシャルワーカーとして、ニュージャージー州の医療者の教育部門をもつ病院に勤めていた。常に人々が、自分の居場所と感じられるところで年を重ねるというエイジング・イン・プレイスに興味を抱き、高齢者を含む患者たちのエイジング・イン・プレイスに資する活動プログラムの開発に携わった。そして、このCCRCが創設された23年前から、運営にかかわってきた。

この施設Dは、NPO法人によって運営されており、原則として62歳以上の人々が入居できる。[3] 高齢者対象一戸建て住居30戸、リタイアメントコミュニティ205戸（生活支援サービス付き。一日に一食が提供される）、アシスティッドリビング（生活支援サービス付き住居）20室、ナーシングホーム36床などを擁する複合施設である。同施設では他に、プール、ジム、クリニックなどを備え、緊急対応、移動支援、社会活動、ハウスキーピングなどを提供している。また、一般家庭への支援拠点でもある。

写真20　施設Dのリタイアメントコミュニティ（パームシティ、2015年）

写真21　拡張看護（エクステンディド・ケア）を受けられるナーシングホームの共有スペース（パームシティ、2015年）

写真22　徒歩による移動が困難な人々が利用するシニアカー（パームシティ、2015年）

高齢者のウェルビーイングを追求するうえで、アンさんは一貫して、エイジング・イン・プレイスを念頭においてきた。CCRCのなかで心身の変化に応じて住む場所を変えていく人々の交流に資する様々なプログラムを作成した過程で、アンさんは、年をとるにしたがって、高齢者たちも、また自分自身においても、考え方や価値観が変化してゆくことを実感するようになった。そもそも「高齢者」として人々を一括りに捉えることは適切ではないが、実践のなかで、そのニーズが変化していく様子を観察してきたのである。人々の価値観に基づくニーズを見出すことに、アンさんは、「自分自身のニッチ（適所、居場所）を見出した」と述べている。

さらにアンさんが、高齢者のウェルビーイングの課題として強く意識してきたことは、認知症高齢者の孤立の問題である。認知症に陥ると、高齢者は周囲の人々との交流を絶たれる傾向がある。それは、認知症が、脳の退行であり、一人の人間としてコミュニケーションできなくなるとみなされているからである。

その背景として、自立（independent）や自律（autonomy）が、元気であることや若いことと関連づけられ、価値が認められてきた米国社会の状況があると、アンさんは感じている。知的・感情的な能力が失われてゆく病をもつと判断されると、人々は、回復不能な「長いお別れ」の過程にあるとみなされてしまうというのだ。

メモリーケアについて情報を得ると、早速アンさんは、CCRCにおいて、メモリーケアを学び実践する場所を提供することにした。まず、比較的重度の認知症高齢入居者の家族に、メモリーケアを試みる希望があるかを問い合わせ、希望者には認知症高齢者に関する情報——どこで働いてきたか、子どもがいるか、何が好きかなど——を可能な範囲で紙面にて答えてもらう。ブリッジたちは、当初まったく情報がなかったバディ（認知症高齢者）に関し、メモリーケアを始めるまでに、その情報が与えられ、その後、少なくとも3か月間そのバディへの訪問を行う。こうしたケースを積み重ねることは、認知症高齢者支援に関する質的研究に不可欠であると考えられている。

2-2　メモリーケアにかかわるブリッジの経験

メモリーケアにかかわる人々は、施設で開催されるガイダンスも含め、メモリーケアについて学ぶ。これまで、4回実施された3日半にわたるトレーニングは、多くのブリッジ同士が出会う場でもあった。メモリーケアに携わるのは、介護部門の責任者、看護師、生活管理者、理学療法士（フィジカルセラピスト）、言語聴覚士（スピーチセラピスト）、そしてボランティアたちである。

外部のブリッジは、フレンドリービジティングなどとして高齢者を訪ねるボランティアと同様に認知症高齢者を訪ねるが、特徴は、「一対一」の対面で面会することである。マイケル・ヴェルデは、ケアについて、一時的に一方的な支援を与えることではなく、「ともにいること（being with）」と述べ、"Dis-ease"とよばれる、認知症による孤立をもたらすような関係性を変換させる活動と捉えている。

このCCRCの創設当初からメモリーケアにかかわってきたマリアさんは、インド南西部のキリスト教信者の家庭で育ったが、大学時代からは、故郷の環境を思い出させる海に近いこの町で、先に移住した兄を頼って暮らしてきた。町に支店のある大手の証券会社で働きながら、ホスピスなどでボランティア活動を続けてきた。ホスピスでメモリーケアについて知識を得たマリアさんは、CCRCでメモリーケアを実践しようと試みるアンさんに協力するようになる。マリアさんは、仕事の経験を生かして、とくに資金集め（ファンドレージング）のプログラムの開発、実施および運営にかかわっている。

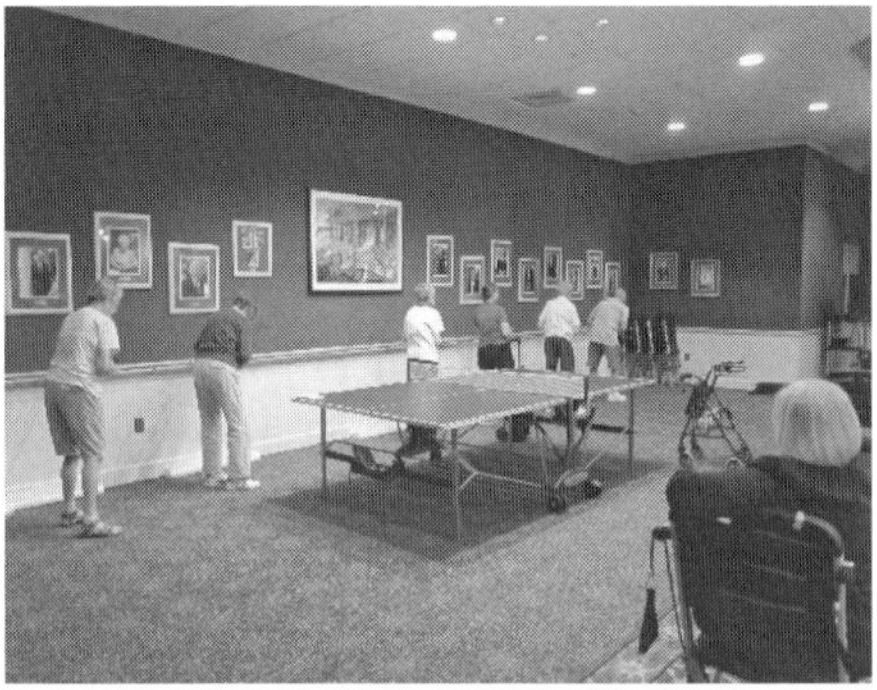

写真23　ブリッジとともに体操する認知症高齢者たち（パームシティ、2015年）

仕事に就いていても、退職後も、マリアさんにとって、米国のこの地に住み続けることはエイジング・イン・プレイスを意味してきた。人口2万3000人の町は、年齢の中央値47歳（全米37・4歳、2014年人口推計）で、落ち着きのある場所であると感じる。しばしば出かけるカフェには、いつも決まって座るテーブルがあり、話し相手もいる。だが、ホスピスのボランティアに加えて、メモリーケアを始めたマリアさんは、「今、私にできることがある」「自分は、まだ何か価値がある」と感じるようになったことに、少し驚きを感じているという。それは、60歳を超えた自分でもできることがあるというばかりではなく、60歳まで生きてきたからこそ初めてわかることがあり、今後も自分のいる世界は広がっていくという確信を得たからだ。

マリアさんは、自分が日々の生活でふつうに行っていること、自分の楽しみのために行っているようなことが、思いがけず、バディと共有できる話題を生み出し、ともに喜ばしい一時を過ごすこともある。そうした瞬間は、バディがブリッジであるマリアさんとの小さな共通点を発見し、そこから思い出を楽しむ様子を見出したときなどに経験したものである。たとえば、マリアさんが大好きなブランドの靴をはいているのを見たバディは、急に、昔の話をし始める。夫が亡くなって寂しい思いをしていたバディだが、そのブランドはかつて夫がプレゼントしてくれた靴のものと同じであり、一時、バディを夫との思い出に向かわせたのである。そうした経験から、マリアさんは、バディのために何か特別の企画をするのではなくても、生きてきてともにいることだけでも、意味ある時間を共有できると感じている。それをマリアさんは、見返りや結果を期待するのではなく、ともに美味しい食事を楽しむ「アガペー（愛餐 love feast）[4]」のようだと表現した。

一方、ジェーンさんの経験は、少し極端なものである。ジェーンさんは、悪評高いマークさんという老人を訪問することになったのだ。マークさんは、常に、罵詈雑言を施設Dのスタッフや、家族に浴びせていた。ジェーンさんに対しても、セクシャル・ハラスメントといえるような発言を繰り返したが、3か月間交流を試みるという原則にしたがって、訪問を続けた。その過程で、マークさんは少しずつ変化を見せたのである。ジェーンさんの観察によれば、訪問されることは、誰からも避けられ孤立してきたマークさんに対して、スタッフが一目置くようになるきっかけとなった。ジェーンさんが家族の住むパリに旅したときに送った手紙がマークさんにしばしば届けられたことは、さらに、外部との交流がほとんどなくなっている彼を喜ばせたと考えられる。ジェーンさんはまた、マークさんが混乱しているときに、顔を手で挟み、こめかみに触れ安心させることを試みた。なぜなら、ジェーンさん自身が、幼い頃は大人からのそのようなタッチによって、安心感を得た記憶があるからである。

ジェーンさん自身は、メモリーケアの活動をしているさなかに、家族との関係が断たれるという経験をしており、3か月間の約束のために通い続けたことが、自分を新しい環境で生きさせたと感じるという。長年パリで仕事をしてきたジェーンさんは、マークさんの知人と偶然知り合ったおかげで、フランス語で語り合う時間ももてるようになった。ジェーンさんにとって、フランスで美術史にかかわる仕事をしたり、家族と暮らしてきたことが、今までの大事な人生経験とエイジング・イン・プレイスを構成しており、そこからの転換は現在も進行中である。だが、ジェーンさんが、メモリーケアの活動とともに、自分自身のエイジング・イン・プレイスを希求するためには、自分が変わることも必要だと感じるようになった。頭のみで考えることはむしろ自分の変化を阻害するので、行動したり感じたりすることにオープンでいたいという。

このCCRCにメモリーケアを導入したアンさんが、ケアのなかでも重視してきたことは、「ハグする」（抱きしめる。米国では親しい者のあいだで男女を問わず挨拶としてしばしば行われる）ことに象徴されるように、タッチすることだ。人は、幼い頃、大人から顔を挟んで語りかけられたり、抱きしめられたりすることが多々あるが、大人になると上の世代の人々から受けたそうした機会は減っていく。だが、アンさんによれば、そうした瞬間は、「一人ではない」というメッセージを伝える効果があるというのだ。「そこに誰かがいる」と感じ、安心することが大切だという。アンさんは、高齢者ケアをすることによって、バディたちに対し、「弱いところをもっていて（vulnerable）くれてありがとう」と感じるようになったという。自分に対しても、他者に対しても、「判断（judgement）」を控え、日々の出来事に一つ一つ向き合う。最近ではアンさんとマリアさんは、ほとんど毎日電話をかけ合っている。それは、メモリーケアを考えることをとおして、マリアさんを家族とも仕事仲間とも違う、人生に関する仲間と感じるからだという。

おわりに

本章は、高齢化する米国社会において、認知症高齢者の感情的孤立を防ぎ、周囲の世界と交流することを目的としたメモリーケアの活動に注目したものである。この活動の特徴として、対面で行う一対一の語り合いを、中心的な実践としていることがあげられる。声やタッチをも重視しているので、対面の交流が不可欠であると認識されているのである。この交流の試みは、ほとんどの場合、異なる世代間で行われている。「ブリッジ」と呼ばれる人々は、「バディ」と呼ばれる認知症高齢者に関し、情報を収集し、観察したうえで、話題を提供する。タッチを行うのは、人々が幼い頃に経験しただろうことを実践しようという考えに基づいている。つまり、思い出となっている可能性のある様々なことがらを接ぎ穂として、交流を図るのである。ブリッジたちが肝に銘じていることは、異なる認識をもつという理解から、自分たちの価値基準だけに基づいて「判断しないこと」、予想される反応や見返りを「期待しないこと」である。

認知症高齢者の人生に伴走し、感情を聴き取ることは、ブリッジたちに何をもたらしたのか。

思い出語りは、しばしばブリッジにとって、自分が知らない幼い頃の世界の歴史や習慣を学ぶ時間となるという。認知症高齢者の思い出を聴くことや、料理など得意の活動を一緒に行うことを通して、ケア者の考え方や感覚が変化することにつながると報告されてきた（六車 2015）。人間は誕生から老いて死ぬまでの過程において、他の人々の手を借りなければ生きられない存在だが、一人の人間の一生に関しても、他の世代の人々の記憶と合わせることで、人は初めて少しずつ全体像を把握できる感覚を得られる（Anderson 1991: 204）。他の人がもつ情報に助けられて初めて私たちの自分史はかたちをなし、自分を世界に位置づけられるようになるというのだ。実際、ブリッジたちは、認知症高齢者をバディという言葉だけでなく、「ガイド」、「教師」とも表現している。

認知症の人々について、毎日変化する中で他者と交流している、すなわち、他者という鏡があって自分がある（藤村 2015）、それがウェルビーイングにつながるという点が指摘されている。本章では、認知症高齢者と交流するブリッジについても同様で、他者とともに毎日少しずつ変わっていく自分があるということを知ること、そしてニーズをもつ者としての自分のケアに思いを馳せるということにも注目している。高齢者ケア施設におけるプログラム作成に「自分のニッチ」を見つけてきたアンさんは、年を重ねるとともに、人生と価値観を問い直すようになったと感じている。ニーズをもつ弱者とみなされた他者を見つめる過程で、なによりも、自分も変化してきて、これからも変化することに気づいた。また、仕事で成功を収め欲しい「物」は手に入ったと思っていたというマリアさんは、年を重ねてきたからこそ、自分もまた新たなことに巡り合うことができる、と感じている。そして、ジェーンさんは、ブリッジという活動による語り合いが、落ち込んでいた闇から自分を救い上げてくれたことがあると語っている。ブリッジたちも、常に人生の歩みのなかにあり、メモリーケアの時間は、自分の歩みを見つめること、時には自分を生きながらえさせることにもつながっている。

認知症高齢者たちに「弱いところをもっていて（vulnerable）くれてありがとう」と感じるアンさんのように、ニーズをもつ弱者とみなされた他者を見つめる過程で、人々は、自分のニーズにも気がつく（中村 2014）。バディとブリッジは、変化のなかでともにいるという、伴走の一つのありかたを示している。だが、それだけではない。ブリッジ同士が、退職後の新しい活動のなかで出会い、新たな関係性を見つけて支え合う、人生に関する仲間を得ていると感じることがある。「ともにいること（being with）」は、変化のなかで伴走し、新しい関係性に満ちた世界を広げることにつながる。それがケアの一つのかたちといえよう。

通信用カード

■このはがきを，小社への通信または小社刊行書の御注文に御利用下さい。このはがきを御利用になれば，より早く，より確実に御入手できると存じます。
■お名前は早速，読者名簿に登録，折にふれて新刊のお知らせ・配本の御案内などをさしあげたいと存じます。

お読み下さった本の書名

通 信 欄

新規購入申込書 お買いつけの小売書店名を必ず御記入下さい。

（書名）	（定価）¥	（部数） 部
（書名）	（定価）¥	（部数） 部

（ふりがな）
ご 氏 名　　　　ご職業　（　　歳）

〒　　Tel.
ご 住 所

e-mail アドレス

ご指定書店名	取次	この欄は書店又は当社で記入します。
書店の住 所		

郵便はがき

恐縮ですが、
切手をお貼り
下さい。

101-0051

（受取人）
東京都千代田区神田神保町三―九
幸保ビル

新曜社営業部行

通信欄

5章　世界の不思議の探求——自然の時間に抱かれて暮らす術

はじめに——ナラティヴとエイジング・イン・プレイス

本章では、スイスの多世代対象複合型生活施設に注目し、エイジング・イン・プレイスの向上とエイジングフレンドリー・コミュニティ環境に資する要素がどのようなものとして捉えられ、また実践されているのかを検討する。

スイスの都市部では、老後を高齢者対象集合住居で過ごすことは珍しくない。だが、かつて温泉治療によって知られたベルン近郊のヴァルクリンゲンに創られたこの施設は、高齢者対象住居、知的障害・情緒障害のある人々が生活する住居と学びと仕事の場、子どもたちのオルタナティヴスクールが併設されており、多世代を対象とした空間という特徴をもつ。

本章では、エイジングフレンドリー・コミュニティを志向した場において表現されるナラティヴ（語りや物語）が、エイジング・イン・プレイスにどのようにかかわっているのかを考える。現地調査は、この施設の代替医療の治療師、看護師、認知症高齢者のアクティビティコーディネータ（高齢者の活動プログラムを企画・支援する介護士）、知的障害・情緒障害のある人々の支援者、かれらとともに実施した住人へのインタビュー、そして参与観察によるものである[1]。

1　多世代コミュニティに関するナラティヴ

この多世代対象複合型生活施設は、１９９１年に財団によって創設された。住居施設は、ナーシングホーム64室（60人）、生活支援サービス付き住居18室（20人）、社会治療共同住居37室（障害はあるが働いている人の住居、35人）、スプリングハウス（異なる種類の知的障害のある人の住居、21人）から構成されている（２０１５年現在）。

施設はいつも賑やかな雰囲気である。地域の食材を生かしたレストラン、施設生活者によって生産された飲食物や生活用品を販売する店舗が設けられ、さらにホールや広大な庭園で様々な企画が行われ、訪問者が行き交っている。

しばしば、子どもたちや学生たちが電車とバスを乗り継いで訪れている。[2] シュタイナータイプのスクールでは、子どもがアートや心身全体を使った活動を通して学ぶ空間を提供している。学校の課外授業がここで行われることも多く、子どもたちは、学びの場の入り口に掲げられた、

写真24　道の両側に位置する高齢者の生活施設（生活支援サービス付き高齢者住居、ナーシングホーム）（ヴァルクリンゲン、2013年）

写真25　施設を訪問する子どもたち（ヴァルクリンゲン、2014年）

写真26　パンや菓子を販売する情緒障害や知的障害のある住人（ヴァルクリンゲン、2015年）

写真27　お祭りの日に庭園で過ごす高齢者たち（ヴァルクリンゲン、2015年）

この地域の水を利用した19世紀の保養所の歴史や自然環境を学び、様々な道具のある部屋で思い思いに過ごす。

施設では、しばしば様々な催し物やお祭りが行われる。子どもたちを含む訪問者たちもバザーに参加し、住人と交流している。また、情緒障害や知的障害のある人々が調理を身につけ、パンやクッキーを作って販売している。生活支援サービス付き住居に住む高齢者も、訪問者を案内するなどイベントを手伝ったり、多様な世代の販売者から手作り品などを購入することをとおして、このお祭りに参加している。

都市部からこの施設に移り住んだある女性は、安全で豊かな自然環境のなかで元気なうちにボランティア活動を存分に行いたいと話していた。スイスでは、高齢者のケアにおいて、ボランティアの役割が非常に重視されている。この女性を含む多くの高齢者たちは、この場所が、首都ベルンから公共交通機関を用いて電車20分、およびバス15分というアクセスの容易さと、都市部と地方双方に住む雰囲気を感じられるということを、選択の理由の一つとしてあげている。

人々は、多様な世代の訪問者に開かれたこの施設に関する語りとして、様々なナラティヴを交換し物語を紡いでいる。のんびりと、ハーブガーデン、果樹園、レストランなどを散策したり、オルタナティヴスクールで学ぶなどの活動に参加し、新しく計画された場所に関するナラティヴに触れる経験をする。とくに、課外学習の場として繰り返し訪問する子どもたちが増えていることも、人々が多世代コミュニティにかかわるためにここにいることを選択するというナラティヴの共有につながっている。

とはいえ、人々の語りを聴いていると、この場所にも課題があり、人間の全体性やウェルビーイングに関する考え方に基づく多様な実践が、エイジングフレンドリー環境を推進するために行われてきたことがうかがわれる。

２　スイスにおけるライフスタイルと高齢期の生活

スイスの高齢化率は18・4％（２０１７年）である。スイスでは、年金は掛け金と掛けた期間、および就業時代の年収に応じて支給される。日本と同様に、基礎年金にあたるものと企業勤めの厚生年金にあたるものがある。貯蓄も含め、老後への備えの意識が非常に高い国民性といわれている。高齢者の介護に関する正式な手厚い制度は存在しない。だが、高齢者や病人の世話を地方自治体が担ってきた歴史や、教会や地域でサポートしようという考えが根づいており、高齢者が地域に住み続けることは重要であたり前という意識がある。26の州（カントン）により構成される連邦共和制スイスが４つの言語圏を有する多言語国家であることも、長く暮らしてきた地域への帰属意識に関連しているとみられる。しばしば若い人々がボランティアをする姿がみられるが、徴兵に替わる介護ボランティアを選択するケースも多い。

都市部では、老後を近隣の高齢者対象施設で過ごすことは珍しくない。近年、スイスでは多くのナーシングホームが「終の住み処」となっており、2001年には80歳以上の者の52％がナーシングホームで亡くなっている（松本 2011: 101）。現地調査中、人々は、より体力を失うことがあれば移り住むことになるだろう場所を案内してくれた。たとえば、北東部サンクトガレン市に居住するルースさんの場合は、アパートのベランダから眺める見慣れた山々が同じように近くにあり、これまでと同じ教会に通い、慣れ親しんだマーケットで買い物できる高齢者施設に移動すると決めている。近くに二人の娘が居住しており頻繁に行き来しているが、一緒に住むことは考えていない。近隣の高齢者施設には、友人が住んでおり、しばしば家に招いて昼食をともにしている。平地が少ないこの国では、都市部では賃貸住居に居住することは一般的であり、必要に応じて住み替えを行うこともある。終の住み処は、現在住んでいる環境や景色、友人などとの交流とおおいに関係している。

そうした傾向は、伝統を守り続けてきた地域でもみられる。北東部山間地のアッペンツェルは、住人たちが、直接民主主義、自生の薬草や地域の水を使った様々な民俗治療など、古くからのライフスタイルを保持してきたことで知られている（鈴木 2002: 212–222）。多くの家族が昼食を家に戻ってとるなど、プライベートな時間が重視されている。この町でも、ほとんどの高齢者は子どもたちと同居はせず、高齢者施設に移動したり、医療保険のもとでシュピテクス（Spitex）のサービスを利用している。

スイスには、国民皆保険のような健康保険制度はないが、居住者には、社会保険としての医療保険への加入が義務づけられており、このシュピテクスは、自宅に住むには十分な体力がない人々に治療看護、基礎介護、家事援助などのサービスを提供している（松本 2011: 103-106; 野嶋 2007: 141-142)。都市部チューリヒとアッペンツェルで、人々は、しばしば自宅に住み続けるというエイジング・イン・プレイスにとって、シュピテクスがいかに重要かを語る。だが、同時に、このサービスの有効性が都市部とアッペンツェルのような地方の町では異なることが指摘されていた。山間地に人口5800人ほどの人々が何世代も前から住み続けているアッペンツェルでは、人々が徒歩で行き交う機会がふんだんにあり、シュピテクスの対象にはならないような支援、たとえば互いの住居に短時間立ち寄って会話することや時には一緒に食事をするなどの交流を、シュピテクス担当者も含めて住人が日常生活のなかで行っている。しかし、都市部では住人どうしの何気ない会話や食事などの交流は地方に比べて少なく、シュピテクス担当者による、前述のような支援は制度が厳しく運用されていることもありできない（鈴木 2005: 364-366)。こうしたこともあり、高齢者対象施設に移り住むか自宅に留まるかという選択よりも、その施設が望ましくは自分たちが慣れ親しんだほどよい交流が続けられるような地域にあることが重要とみられている。

3　高齢者のエイジング・イン・プレイスとナラティヴ

3-1　生活の変化に馴染めない高齢者へのケア――多様な世界を訪ねる

この複合型施設に住むことを決定した高齢者たちのなかには、都市部にあった自宅を離れたことを思い返し、元の家から遥かなこの場所で年を重ねていずれは死を迎えることを不安に思う者もいる。こうした高齢者たちのケアを担当するレナさんは、まず高齢者たちの辛さに関する語り（ナラティヴ）を聴き取る。レナさんは、この施設でオフィスを設け、スイスでは統合医療の一つとみなされているアントロポゾフィー（anthroposophy 人智学、あるいは人間の英知）に基づくオイリュトミー（eurethmy）という治療を行っている。

レナさんのオフィスは、陽光が柔らかく射し込むガラス窓のある広い部屋である。基本的に、彼女は、一回に一人の高齢者のみとともにいて、毎日の生活や健康にまつわること、花や自然、そして宇宙など様々な事柄について話してきた。瞑想も行われる。レナさんは、アントロポゾフィーに関する彼女の理解に基づき、人間を構成している様々な要素とそれらによって宇宙のパワーと交流、呼応することに関し語ることもある。また、ただ静かにともにいることも重要だという。レナさんの活動は、すべての人が、語り、味わい、吟味できるナラティヴにかかわる活動を通して、人々はたとえ何処にいても、居場所を得て包摂感を得る可能性があるというメッセージでもあるという。

レナさんは、仕事を始めてから後も、R・シュタイナー（Rudolf Steiner）の書物、および学校や統合医療の学会で学び続けてきた。アントロポゾフィーは、ホメオパシーとシュタイナーの方法を組み合わせた施術として実践されている。学びの場としては、バーゼル近郊にある、カリキュラムに芸術活動などを取り入れている精神科学の自由大学ゲーテアヌム（Goetheanum）の施設も知られている。ホメオパシー（同毒療法）は、瀉血や下剤を用いる医療に疑問を抱いた18世紀末ドイツの医者S・ハーネマンが、「健康な人に病を引き起こすものは、その病気に罹っている人を治す薬となる」、「希釈すればするほど、薬の効果は高まる」という二つの教条を掲げて始めた非正統医療である。19世紀にはヨーロッパのみならず米国にも広まり、ミドルクラスの知識階層を中心に人気を博した。現代医療と補完的な存在のホメオパシーでは、施術者が対面で長い時間をかけて、患者の語りを聴き取ることに特徴がある（鈴木 1997: 97, 141; 2002: 202-214）。施術を行う人々は、各地の人々のニーズに応じて工夫を重ねるよう努めており、日本のオイリュトミーに関する実践者は、レナさんや世界の他の協力者と連携して、２０１１年の東日本大震災の被災地でも支援を続けているという。

このような状況は、代替医療が、とくに慢性疾患、高齢者の不調やすべての世代のストレスなどに関し利用されているスイスでは一般的である。たとえば、中部フランス語圏クランモンタナでは、南フランスの民俗療法者Ｍ・メッセゲの植物治療が実践されている健康増進の場がある。ハーブを使う温浴と食物のパワーを学びつつ行う食養生は、現代医療の医者、およびスイスで認められているホメオパシーの医者との協働によって実現している。近隣のみならず国外からも様々な人々がこの場所を訪れ、代替医療の実践と物語の両面から利用している。温浴、食事、休息のすべての時間が、治療者や医者たちとの語り合いを通して与えられた、薬草や食物の情報や物語と関連しており、これらがライフスタイルを再考することを促している（鈴木 2002: 196–211）。

3–2　ケアとケア者を包み込むリズム

この施設には認知症高齢者を対象としたデイケアが設けられており、認知症高齢者の身体弱体化の予防や楽しみに向けた活動がなされている。認知症高齢者はしばしばともに料理をして

写真28　デイケアの窓辺の休み処（ヴァルクリンゲン、2015年）

食事をする。料理や食事は、好きな食べ物や家族や友人との食事など、過去の楽しい時間を思い出し交流を促進すると考えられている。アクティビティコーディネータのヘディさんによれば、料理づくりの場は、互いに料理や食事に関する経験や感想を語り、認知症高齢者たちが新しい環境に落ち着くことを助けているという。ヘディさんは長年教師をしてきたが、現在の仕事によりやりがいを見出し、資格を得てこの施設で認知症高齢者の支援を開発している。確かに、認知症高齢者たちは、たとえ忘れてしまうことや思い出せないことがあったとしても、こうした活動によって新しい情報に遭遇し、日々新しい生活を創っているのである。

だが、認知症高齢者のウェルビーイングにおいて重視されていることは、交流や活動ばかりではない。共通の活動に関し注意すべきこととして、ヘディさんは、高齢者たちはよい時を過ごしたと満足し、そして静かに休息する時間を確保しなければならない、と述べている。この活動と休息、ともにいることと一人でいることのリズムは、一方で活発な活動がなされているコミュニティを住み処としている人々にとってとくに注意すべきことであり、他方で、どこで暮らしていようとも誰にでもあてはまる普遍的なことだと説明している。

4　新たなるアイデンティティと居場所

情緒障害や知的障害のある人々が、このコミュニティで生活し学び仕事をして、内外の多世代の人々との交流を経験している。かれらは、野菜畑や果樹園やハーブ園の手入れなどの農作業、木工細工、動物や蜜蜂の世話をしたり、彩豊かな生活用品を製作してきた。コミュニティに設けられた店では、かれらの作品が販売されている。

この施設で緊急の課題とされていることは、情緒障害や知的障害のある人々のエイジングにかかわる。このコミュニティにやってきて以来、長年自分が得意だと感じる領域の仕事をして、周囲と交流してきた人々が、高齢になり退職する時期を迎えたとき、かれらのアイデンティティとかかわる新しいナラティヴを紡ぐことが課題となっているのである。多世代から構成されるコミュニティではあるが、若い時期から移住してきた障害のある人々のみが、退職という変動を経験するのである。

たとえばカールさんは、もう20年以上もこのコミュニティに暮らしてロウソクづくりを学び、施設の店の人気商品の一つである魅力的な作品を作ってきた。スイスでは、男性の定年は65歳である（2018年現在）。しかし、かれは2014年にはもう65歳を超えていた。この施設に来る高齢者は、心身の状況によるニーズに基づき、いくつものタイプの暮らしの場を提供する多世代居住コミュニティでゆったり過ごすことを期待している。他方、カールさんのような人々は、働き、コミュニティや訪問者のために物を生産することに誇りをもってきた。レナさんは、こうした状況に関し、「働くことは、かれらが自立していると感じることであり、『ふつうの毎日』（"normal every day"）を送ること」と表現している。

カールさんたちは働き、「ふつうの毎日」を送り、コミュニティを活発に歩き回り、かれらが慣れ親しんだ環境を享受してきた。若い世代の人々とともに暮らし食事もともにしている。それゆえ、コミュニティのなかに、カールさんのような人々のために、今後どのような環境を創ることができるのかが課題となっているのである。障害のある人々の生活や仕事、そして高齢化の過程におけるウェルビーイングを考えることは、年を重ねる私たちの普遍的な人生の過程で、人々がいかにして様々な物や人とコミュニケーションを楽しめるかに関するアイディアを練ることでもあろう。

おわりに

5章では、スイスの都市郊外に創られた高齢者と障害者の多世代居住コミュニティに焦点をあてた。多言語多文化国家であるスイスでは、居住してきた地域の近隣に高齢者対象施設が設けられている。だが、この施設は、都市からは遠くないものの自然や歴史に根ざした新たな場として創られた。子どもを対象とした施設やレストランを併設し、季節ごとにイベントが企画されるコミュニティは、多様な人々が行き交う場となっている。とはいえ、ここでの生活を選択した高齢者も移動のストレスを抱えている。そうした人々へのケアとして、スイスで親しまれてきたシュタイナー医学に基づくアントロポゾフィーを通して自然やスピリチュアルなものに関するナラティヴに触れる試みがなされている。

サクセスフルエイジングの理論の一つとして、広く宇宙や世界に位置づく存在としての人間のウェルビーイングも注目されつつある。「老年的超越」という概念によると、加齢に伴って生じる心理的変化として、三つの側面：「社会関係の側面」「自己に関する側面」、そして「宇宙的意識に関する側面」（世界の捉え方）が提示できるという。宇宙的意識の変化とは、思考のなかに時間や空間の壁がなくなり、意識が自由に過去や未来と行き来するようになることである。その結果、より広い世界と「つながっている」感覚が広がるという（権藤 2016: 49–50）。

認知症高齢者を対象としたデイケアでは、認知症高齢者もケアワーカーも含め、皆が参加しやすい料理や食事をともにするという活動や語り合いと、満足して一人で静かに休止するリズムの重要性が大切にされている。新しい情報に遭遇することは、忘却しつつ、人々が新しいナラティヴを紡ぎ続け生きてゆくことを実感する機会でもある。静かに休止することも、そうした変化を受け止める過程であろう。このことは、先の「老年的超越」の具体的な要素のうち、「社会関係の側面」「自己に関する側面」に位置づけられている、「変わっていくことに気づくこと」、「変わらないことを見出すこと」などの考察の時間とも深くかかわっているのではないか。これらによって、日々の小さな変化や、身体が変化しても変わらない部分があることに気がつき、日々の暮らしを評価していくことにつながるのである。人間が動と静のリズムのなかで暮らすものであると自覚することは、高齢者のみならず、すべての世代において重要であろう。

第3部

紡がれるナラティヴ

6章　高齢者と紡ぐナラティヴ——制度に守られる日常語り

はじめに

少子高齢化する社会において、高齢期に心地よい暮らしの場を見出せるのか。この問いは、介護施設や病院など様々な場所に移動を余儀なくされるのではないかという憂慮とも重なっている。人々が生活の激変を経験したときに、いかなるものが地域の拠点になるのかということに目を向けたきっかけは、東日本大震災直後に近隣の人々が集まってきたという場所に出会ったことである。

それは、本章の中心テーマである、東日本大震災後の宮城県名取市で行われてきた、ケアマネジャー（介護支援専門員）の活動と交流である。ケアマネジャーは、介護保険制度に基づき、高齢者の状況に応じて適用可能なケアプランを利用者とともに作成するケアワーカーである。かれらは、支援や介護を必要とする高齢者とその家族のために、ホームヘルプ、デイサービス、家族など日常的に介護をしている人々が休息できるよう支援するレスパイトケア、病院や施設の利用などについて調整し、医師、看護師など様々な関係者と高齢者や家族をつないでいる。この事業所のケアワーカーをとりあげる理由は、この施設が地域避難所指定を受けていないにもかかわらず、震災発生直後から周辺住民が情報を求め集まってきたこと、スタッフが被災後最初期に避難者にデイサービス施設をシェルターとして提供したこと、その結果、大災害時の状況と問題点について多くの情報を蓄積できたことである。

本章では、民間の高齢者ケア拠点の活動、在宅で生活支援を受ける高齢者と家族、およびケアワーカーの経験に注目し、人々が変化のなかで、暮らしの場やケアをどのように捉えてきたのかを検討する[1]。

1　東日本大震災の経験

1-1　高齢者対象デイサービスを避難所に

名取市は、宮城県の県庁所在地である仙台市のベッドタウンで、人口は1985年に5万人強であったが、2015年12月には7万7000を越え、高齢化率は20・6％である。太平洋沿岸には主として漁業や農業に従事する人々が住み、内陸には新興住宅地が開発され、新住民が移入している。東日本大震災の大津波では、沿岸部を中心に多くの人が被害を受けた。

舞台となる名取事業所は、企業を構成する一事業部である。この企業は1999（平成11）年に名取市にて訪問介護事業を開始し、仙台市、名取市、新潟市、そして秋田市という3県4市にて介護保険事業を展開している。事業として、ケアマネジャーによる居宅介護支援と高齢者居宅における訪問介護であるホームヘルプ、通所介護（通常型デイサービス）、福祉用具貸与を総合的に行っている。さらに近隣で、運動機能向上型デイサービスの通所介護、2011

写真29　デイサービス施設（名取市、2013年）

（平成23）年には、仙台市青葉区（大町）にて、サ高住事業およびデイサービス事業を開始した。名取事業所では約80名が働いている。正社員は60歳までだが、嘱託では60歳以上も、そして登録ヘルパーのなかには、70歳代以上の人もいる（２０１６年現在）[2]。これらの人々によって、一年365日の訪問介護とデイサービス（日曜日以外）を実施している。

大震災は、２０１１年3月11日の午後2時46分に発生した。震度7を記録し、揺れは5分以上も続いた。停電になり、デイサービスのスタッフはデイサービスの利用者を建物から避難させた。利用者はデイサービスの送迎車のなかで、より多くの情報が届くのを待った。雪が降り出し外は寒かったからである。

名取事業所では、デイサービス施設を、近隣の住民のために一時的避難所とすることを次の理由から決定した。第一に、事業所の建物やデイサービス施設はほとんど損傷しなかった。仙台東部道路（高速道路）が防波堤のような役割を果たし、津波の到達を防いで、この地域を津波から守ったのである。第二に、人々に滞在する場所と物資を短期間提供するにあたって、いくつかの幸運な状況があった。偶然にも水道が使えたこと、親企業が多領域にまたがる事業を手がけていたこともあり、隣接している倉庫に食料などの物資を備蓄していたこと、そして、他地域の同社事業所の支援を受けることができたことである。たとえば、秋田の二つの事業所は、震度5強を経験したにもかかわらず、できる限りの物資を仙台の事業所に送付したという。

近隣の人々は、停電時に、スタッフが灯した名取事業所のロウソクの灯りを頼ってやってきた。事業所にとどまった地域の人は、およそ次の3つのカテゴリーに分けられる。（1）沿岸部から来ている、あるいは家族と連絡がつかず家に帰ることができなくなっている利用者、（2）沿岸地域から避難してきた人、家を失った人、公的指定避難所となっている小学校や中学校まで歩いていくには遠いなどの理由で行くことができなかった高齢者、（3）沿岸部に家があるこの事業所のスタッフ、である。

とはいえ、この事業所は地域避難所指定を受けた公的施設ではなかったので、すぐには情報の提供や物資の支援などは受けられなかった。避難所として認められ登録されたのは、地域の町内会長が市に一時避難所の必要性と、この事業所を利用していることを伝えた後のことである。

1-2　一時避難所としてのデイサービスにおける生活

デイサービス施設に避難した人々は、生命の危険という大きな恐怖を味わっていた。スタッフは、東北放送のラジオから情報を得ようと試み、また、デイサービス滞在者の無事をラジオ局に届けた。事業所の数人のスタッフとも連絡がとれずにいた。事業所では水とトイレは使うことができた。緊急事態に備えて浴槽には水が確保されていた。電気は使えなかったが、地震の2日後には復旧した。

デイサービス施設では、スタッフは、食事を作り、連絡のつかないスタッフや利用者の安否確認を行い、事務所を掃除し、高齢者と子どもたちをデイサービスで世話をしながら、施設の点検を行った。

元気な人々は、日中は部屋を掃除し、家族の安否確認を行い、夜には避難所の状況を整え、寝るときには段ボールで寒さを凌いだ。高齢者と子どもたちは最も優先され、ベッドか畳の部屋で就寝した。

避難所としてのデイサービスは、ゾーンに区画されていた。高齢者のゾーンは、オフィスの近くに設けられた。お互い知り合いの高齢者は、会話がしやすいように近くに配置し、デイサービスの利用者はスタッフと過ごせるようにした。かれらは、いつものように塗り絵やかるた、体操を行った。家族とホームヘルパーが協力して、認知症高齢者には特別な配慮をした。家族で避難してきた人々のためのゾーンには、子どもたちの遊び場を設けた。他の元気な人たちは、余震における緊急避難時にスタッフと協力できるよう、家族と高齢者ゾーンの間においた。

写真30　大震災後のデイサービスでみなで掃除する避難者（名取市、2011年　小泉敦保氏提供）

写真31　いつものようにかるたをする避難者とスタッフ（名取市、2011年　小泉敦保氏提供）

1-3　高齢者のウェルビーイングとケアワーカーの工夫

ケアワーカーたちは、高齢者を支える方法を工夫してきた。たとえば管理栄養士（42歳、2013年現在）は、デイサービスが開所した2005年から働いており、災害のときは調理師とともに100人の食事をつくった。震災後落ち着かない生活をしているにもかかわらず、昼食やお茶の時間を楽しみにしている利用者のために、かわらず食事に配慮している。栄養士や調理師は、個人の食べ物の好みを満足させることは、高齢者のウェルビーイングを増加させるうえで重要な要素だと考えている。それは、キッチンに貼りだされた、一人一人の身体状況や好みが記されたメモを、確認しつつ仕事を進めていることからもうかがえる。かれらは、いつも、昼食のおかずやおやつなどに関し、一人一人の好みを覚えて、それに沿うよう工夫している。個別の好き嫌いに関しては一覧表を作成し、肉を魚で代替したり、ピーマンが嫌いな人には入れないなどの配慮をしている。

ケアワーカーたちは、災害直後に果たしていた役割や、災害発生前に培った人との関係性を失ったために、精神的な病に陥ったり、認知症になったりする高齢者がいると観察している。それゆえに、かれらは、高齢者がコミュニティでの生活（たとえば、仮設住宅）において新たに築いている関係性に配慮することを心がけていた。事業所でサービス提供責任者として10年間働いてきた52歳のケアワーカーは、こうした状況を「仮設は街になっている」と表現している。彼女は、仮設住宅に住む高齢者を訪ねる前に、仮設住宅の世話役をしている人にまず挨拶をするようにしている。彼女は、世話役を担っていることが、彼の生きがいの一つになっていると感じている。ケアワーカーたちは、役割を創出すること、つまり、労働やボランティアをする機会が、仮設住宅や新しい環境で暮らしている人々の支えになるのではないか、と考えている。

2　在宅高齢者のエイジング・イン・プレイスに関する語り合いの展開

2-1　ケアマネジャーの働き方の様々な特徴

東日本大震災の後約2年を経た２０１３年以来、高齢者とその家族が、名取事業所のケアマネジャーなどと相談する場に参加した。そこで見出されたことがらは、かれらの働き方の様々な特徴である。

ケアマネジャーの重要な仕事の一つは、高齢者と最低月1回面談して、問題点や課題を把握することである。収集する情報は、高齢者のみならず家族の状況をも含んでいる。ケアマネジャーは病院や行政などを含め多職種と連携を図りながらケアプランを作成している。かれらが重視していることは、介護が必要になっても、自立した日常生活を営むことができるような自立支援に配慮した内容にすることである。

第二の知見は、とくに在宅高齢者のケアプランのために行われる語り合いが、参加するすべての人にとって、ゴールもみえず、正解が存在しない、老後の生き方、すなわち人生を考えるという、生涯教育の要素を含んでいることである。下記では、いくつかのケースについて、語りの場の広がりを描写する。

2-2　在宅高齢者のウェルビーイングの模索から生涯教育へ

津波に見舞われ花畑に被害を受けた農家

介護を受けて自宅で暮らしている85歳（2014年12月現在）の男性明さん（要介護5）の家は、カーネーションを育てる花農家である。津波によってカーネーション畑の半分が海水に浸るという経験もした。この地域は、花づくりがさかんで、カーネーション、フリージアなどが栽培されている[3]。明さん自身は、畑の仕事は性に合わないといってサラリーマンを経験し、花の市場に勤めた。息子夫婦二人で花畑の世話をしてきたが、2010年9月に明さんが心臓のパイパス手術をして自宅に戻った後は、息子と息子の妻陽子さん、孫と近くに住む親戚たちの協力で介護されている。東日本大震災時は入院しており、その後認知症が進み、介護は4年続いている。自宅と施設を利用して、父親明さんと施設で暮らす母親恒子さんの介護を続けているこの家族については、レスパイトケアも含め、プラン作りがなされている。

介護を中心的に担っているのは陽子さんである。陽子さんは、「それまでは、自分でなんでもできていたんですよ。歩けるようになってほしくて、リハビリできる病院に入院させたんだけど、うまくいかなかった」と語る。嫁に来て30年になるという陽子さんは、明さんに「若い頃よくしてもらったので、その分介護したい」、と家で義父の介護を続ける希望を語った。明さんの息子も、父親の様子について会話に加わった。夫婦いずれもが家のそばにある花畑で仕事できることについて、陽子さんは、「いいと思うのは、私が一人で用足しに行くときでも、（夫がそばにいるので）おとうさんを一人にしないですむ」と語った。子どもは、息子2人に娘の3人で、30歳の長男だけが家で同居し、「家業は継がないが、親の面倒はみる」と宣言している。

デイサービスのないときは、朝夕30分ずつはヘルパーが訪問、日中は陽子さんが介護し、おむつ交換もしている。デイサービスで週3回介助を受けて入浴する。ショートステイは、一週おきに4泊5日行っている。とくに何も行事がなくてもショートステイを定期的には利用しているが、卒業式のある3月など花が多く出荷される繁忙期には、より多くショートステイに宿泊するという。そのショートステイは、特別養護老人ホームに併設しており、認知症を患っている明さんの妻恒子さんは、そこで生活している。恒子さんは、2010年11月に硬膜下血腫で倒れ、入院後、回復がはかばかしくなく認知症もあり、施設入所した。陽子さんによると、明さんがショートステイ利用中、食事のときは入所中の恒子さんと同じテーブルにしてもらっている。明さんと恒子さんは、互いを認識できているのか明確ではないのだが、「席を隣どうしにしていたら、どちらからともなく、手をつないで満足そうに過ごしているように見える」という。だが、息子は、「ショートに行って帰ってくると違う。刺激が少ないようで」（元気がなくなったように見える）（括弧内は著者）と観察している。親類を含め、家への人の出入りは多く会話もさかんだという家族は、家庭でできるだけ介護を続けたいという意向を共有している。

ケアマネジャー晴海さんは、介護は、一人で抱え込んだり真面目すぎても継続は難しい、要介護者の調子はいろいろで、一生懸命ケアしても、ご飯を食べなかったり、顔色が悪くなる日もある、と語る。事業所の敷地内にあるデイサービスでも要介護者の状態を確認しているが、月一度は直接自宅に家族との面談に出向く。その際は本人だけでなく、家族の様子にも変化がないか注意して見るようにしている。

今回、ケアマネジャーを迎えた陽子さんの最初の会話は、明さんの体調に関するものであった。陽子さんは、「褥瘡《じょくそう》（について）今日も（病院へ）行ってきたけど、（医師に）まだだめだな、って（言われた）」、と報告し、明さんが「足を組む癖があり、そこから足に褥瘡」ができてしまう、と述べた。さらに、「この頃調子が悪い。太陽さんが出ればあったかいが（そうでない日はとくに）、体温が上がらない。湯たんぽしても、意味がない」し、そのうえ先日「医師に湯たんぽもやけどをする」と注意されたことも付け加えた。尿があまり出ないことも心配の種だ（括弧内は著者）。

ケアマネジャーや家族は、ケアの課題や生活に関する様々なアイディアについて議論している。これらには、介護を行う他の人々とも共有できるようなものが多く含まれる。たとえば、先ほどの明さんの体温の問題に関連して、陽子さんが考えついた工夫は、温かい毛布を車椅子に付けることである。おかげで、明さんは、足元を毛布で温かくしながら、毎朝毎晩家族と一緒に食事のテーブルにつくことができるようになった。日本酒が好きだったという明さんは、ビールで晩酌する息子と一緒に、焼酎をほんの少し入れたお湯割りを、毎晩楽しんでいる。

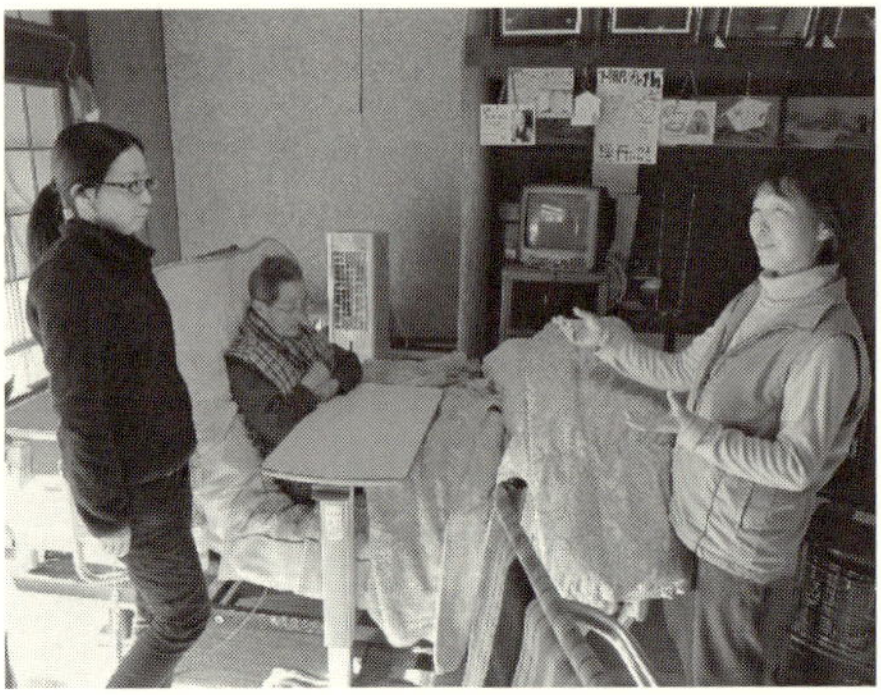

写真32　介護について語る家族とケアマネジャー（名取市、2014年）

「ここまで来たら、どれだけ、好きなことができるかと思う」という陽子さんは、「運転が好きだったおとうさんから免許を返上させたのが、80歳を過ぎた入院前で、それから、自分でどこにも行けなくなり、一気に弱くなった」と回顧する。食事に関しても、「食べることができないと、自宅で介護するのが難しくなるので、精一杯工夫している」が、それだけではなく、陽子さんは、明さんに好きなものをあきらめさせず飲ませている、という喜びがあるという。

認知症も進む義父とうまくコミュニケーションが取れないときも、発見した工夫の数々をケアマネジャーに語ることは、介護者のアイデンティティとウェルビーイングに寄与するとみられる。最近は、パンとか麺、ミルクが好きだったという歯がない明さんのために、昼は甘いパンをミルクに浸して供している。水分補給には、温めたポカリスエットを喜んで飲むという。「（介護している）家族でないとわからないね」とケアマネジャーに労いの言葉をかけられる。介護の現場である各家庭における工夫は、ケアマネジャーを介して、他の介護者にとっても応用可能な実践的知識として伝えられていき、知識交換の場は、介護にかかわる者たちの新しい語りの場として開かれるのである。

訪問者を迎える介護の場で家族一人一人が人生を語る

ケアマネジャーの晴海さんは、歩くことが困難である女性みよさん（86歳、2015年7月現在）宅を訪問した。お盆の時期がある8月のデイサービスの利用などに関し確認するためである。みよさんは、夫とは見合いで結婚した。夫は肺がんを患い介護サービスを利用し、1年2カ月ほど自宅で療養した。近隣に住む夫の弟の子どもも手伝って家族で介護し、7年前80歳のときに自宅で看取った。現在も、家族が協力しているが、みよさんの介護を主として担っているのは、息子の妻春子さん（60代）である。

みよさんは、膝の激しい痛みを感じているが、そろばんが得意なことを、ケアマネジャーと家族の皆に披露して満足そうであった。みよさんはそろばんを使って働いたことはないが、若い頃婦人会の会計を務めていた。農協の青年団では、男女合わせて80人でそろばん計算の競争をしたという。そろばんの一番は郵便局の人でみよさんは2番だったことや運動会があったことなど、若い頃の思い出を楽しそうに語った。

ケアマネジャーが収集するこうした情報をもとにして、「そろばん計算」は、事業所のデイ

写真33　若い頃の農村地域の交流について語る家族と高齢者、ケアマネジャー（名取市、2015年）

サービスのプログラムとしても取り入れられ、みよさんと近隣に住んでいる彼女の姉は、日程を合わせて一緒にデイサービスに通い、プログラムに参加している。

訪問時、みよさんと息子と春子さんは、そろばんの話をきっかけにそれぞれの思い出を語り合った。たとえば、60代の春子さんは、地区の若妻会で、農家の若い世代「フレッシュ・ミズ」がともに楽しむ機会が設けられていたことを、農家の多い地域の状況として語った。料理、着付け、お花を教え合い、習ったものだという。

苦労を経て広がる人生物語

在宅介護を受けている人々は、心身の問題を抱えて日々苦しんでいるという印象がある。だが、ケアマネジャーの話を聞いたり実際に訪ねてみると、人々の話は現在から過去まで広がり、高齢者も活発に語ることが印象的である。ケアマネジャー晴海さんは、「(面接の仕事が終わり、時間が来て帰るとき)ごめんね、もう帰ると(言わなければならない)。皆、話を聞いてほしい(のです)。」という(括弧内は著者)。

あるとき、ケアマネジャーと一緒に、集合住居に住む正さん(80歳、2014年12月現在)と妻美樹さん(79歳、2014年12月現在)のもとを訪れた。美樹さんは長いことリウマチと心房細動で苦しんでおり、食事の用意などの家事について支援を受けている。腰を痛めたのをきっかけに、介護保険制度が始まった2000(平成12)年からヘルパーに週2回来てもらって約15年になる。要介護3のときもあったが、今は要介護1である。デイサービスは、昼寝の時間、体操の時間などが決まっていて、それをしたくないので、最近では行かなくなった。正さんは、大手の建設会社に勤め、タイピストだった美樹さんと結婚した。その後手がけた事業がうまくいかず、かれらは3DKのアパートに引っ越し、正さんは80代になった今も、月2回、2泊3日で老人ホームの夜勤の守衛の仕事を続けている。結核で1年入院後、リハビリをして、この仕事に就いた。暗くなる前に自分で車を1時間ほど運転して通っている。山形の米沢出身の正さんはスキーが得意だった。今は、きのこ同好会で活動している。ケアマネジャーは、「夫婦から香たけ(コウタケ)の料理を教えてもらうこともある。他には、『常識』を教わることもある」という。正さんが出かける日には、犬を連れて友人が泊りに来ることもあるし、そうでなくても、美樹さんは絵手紙の交換を楽しんでいる。

美樹さんが落ち込んで暗くなっている日には、おろおろしてしまうという正さんは、美樹さんのために指圧をして腱鞘炎になってしまったという。とはいえ、二人は大好きなコーヒーを、豆を挽いて淹れるという習慣を守っている。この日も、コーヒーの豊かな香りとともに出迎えられた。美樹さんはしばらくの間、このところの苦労話をしていたが、かれらが、宮城県の博物館で希望していた仕事に就いている55歳の息子を誇りに思っていることや、夫婦二人が一緒になんとか暮らしていることを幸せだと思っていることに触れた。双子の娘たち（52歳）は、近くの仙台市と東京で暮らしている。孫も7人いて、東日本大震災の前の年には息子、娘、孫たち全員で亘理《わたり》の温泉に行った。「津波の年」にも予定していたが、その後温泉行は実現していない。

9人兄弟の末っ子として賑やかな娘時代をおくったという美樹さんは、母や姉たちとおしゃれして外出したことや、元気だった頃、しばしば好きな歌を披露していたことなど、思い出話を生き生きと語り、正さんは守衛の仕事に出発するまでの時間、それを楽しそうに聴いていた。この年二人はこの家で150個も干し柿を作ったということで、手土産にと渡してくれた。辞するとき、縁側から外に出た私たちを送り出す際、美樹さんは、外で遊んでいる隣家の子どもたちに声をかけた。両親が遅いようなときには、子どもたちが二人の家で宿題をやるなど、面倒をみることもあるという。このように、かれらは、引っ越して暮らしている新しいアパートで、震災後に移動してきた若い家族との新しい関係を培っており、子どもの世話をしたり交流の機会を得ていることも、生活を明るくしているようだ。

ケアマネジャー晴海さんは、「あの状態（現在）がベスト。奥さんが入院したときは、だんなさんががっくりした」ことを振り返り、正さんが一人になったときに支援する方法はいまのところないと説明した。「だんなさんは、介護保険での支援はできない。一人が何かでこけたら（二人でいられない事態となったら）、大変になるだろう」と憂慮する。介護を受ける状態が望ましいというわけではないが、介護を通して人々が様々な人とつながり、安心や楽しみの時間がもたらされている側面もあるといえよう。

写真34　ケアプランを語り合うケアマネジャーと利用者（名取市、2014年）

母と娘が新しい関係を培う時間

家に一人で住んでいるハナさん（80歳代、2015年7月現在）の自宅を訪問した。夫に先立たれた彼女は、心臓病がある。息子2人と娘1人がいるが、近くに住む、40代の娘夕子さんが、仕事の後、毎晩、母親の料理や入浴の手伝いに通っている。

ハナさんは、義父、義母、義弟妹9人たちのいる大家族の主婦としてや、自宅のタバコ屋(雑貨屋)の担い手として、さらに、どんなに寒い冬にも早朝の牛乳配達を行ってきたという厳しい体験について、懐かしそうに語った。「脳出血を何度も起こした義母を介護し、看取ってきた。子どものおむつも、義母のおむつも、ゆかたをほどいて手作りしていた。」義母は、夕子さんが2歳の頃倒れた。育児、看護、店、牛乳配達が同時進行だったが、「温厚な人だった、自分のことより人のことを気にかける義母の世話を一生懸命続けた。朝4時に起きて、田の草を取り、稲刈りして、自転車で200本の牛乳配達をする。近くに店がない地域で、タバコ屋は、365日開けていた。風の強い地域で冬場は、あかぎれやしもやけに悩まされた。本が好きな人だった夫は、２０１２年春に血を吐いて急死した。いろいろ苦労も多かったが、大家族で過ごした時間は楽しいことも多かった。」

「70年ほど前のことだが、娘時代に住んでいた岩沼市の自宅からは、Ｂ29が飛来する仙台空襲の様子が見えた。焼夷弾が落ちて一面が明るくなった。昔3軒しかなかったこの地域も、今は600軒以上の家がある。化粧もしないし、服も買わず、何かが手に入るともったいないからしまってしまう自分の性格は、今もかわらない。」

長年の無理のせいか、心臓を悪くしたが、週3回ヘルパーにきてもらい、リハビリのための通所施設に週1回通い、日常生活で使える体操を習っている。ハナさんは、娘に近い家で夕子さんに助けられて安心して生活を送れることに感謝している。夕子さんが若い頃は家や学校での行いについて対立したこともあったが、今では、介護を通して二人が交流し、新しい関係性を築く機会になっている。2015年に遠刈田の温泉に、ハナさん、夕子さんと孫娘との4人で出かけたのが楽しい思い出だ。夕子さんは、「2015年は、予備調査だから、今度行くときが本番」と、また温泉に行くことを目標に母ハナさんを元気づけている。

写真35　近隣に居住する娘とケアマネジャーから支援を受けて独居する高齢者（名取市、2015年）

ケアマネジャー晴海さんは、「在宅（介護を続けていくために）は、（訪ねた家庭のように）キーパーソン（KP）が必要」と述べていた。だが、介護は家族だけでできるものではない。ケアマネジャーなど訪問者が加わってなされる昔語りも、こうした穏やかな時間を豊かにするものとなっている。

高齢者のウェルビーイングを模索する過程で、高齢者を含め参加者たちが人生の物語を語り聴き、人々の経験や記憶を想像することは、誰もがより広い世界に位置づけられる感覚をもつことにつながっている。正解を得て収束する地点をもたない語り合いは、それでもなお、その時々の人々の選択や行動に説明、納得や喜びを与えている。

3　自分自身のケア――休むこと、考えること、そして生涯教育

最後に指摘すべきは、ケアマネジャーなどケアワーカーたちのウェルビーイングを向上させることが、良好なケアの出発点だということである。震災2年後の2013年に、事業所において研究会を開催し、ケアの課題について検討した[4]。

ケアワーカーの仕事は、人々の価値観と深くかかわるものである。そのため、毎日、高齢者たちの気持ちについて、自問自答している。震災後2年間、ケアワーカーたちは、PTSD（心的外傷後ストレス障害）に陥る危険など、自らも支援や休息を必要とするときに、自分と他者とのケアのバランスをとる困難を感じている。

インタビューで語られた第一の共通の特徴は、ケアワーカーという職業に携わるという立場だからこそ経験したこと、辛い体験を、今でも持ち続けているという点である。かれらは、大

震災および大津波の襲来という状況下で、まずは自分の身の安全を守るという大原則に従った行動が正しかったのか、そのことが人の生死に影響を与えたのではないか、当日の行動が最適であったのか問い直し続けている。

ケアワーカーという仕事の特徴とかかわる第二の辛い経験は、かれらがホームヘルパーとして働いていた同僚や知り合いを失ったことにかかわっている。ヘルパーの仕事をしていて避難が間に合わず津波に流されてしまった同僚のこと、仕事をしていて家族と行き違い夫を失うことになり、PTSDになって仕事を辞めた同僚のことを話す人もいる。事業所から災害時にはまず自分の身を守るよう指示がなされているが、やはり現場で利用者を残してはおけず亡くなったヘルパーもいる。家族が亡くなった職員も数人いる。PTSDという状況がしばしば話題になっている。

ケアワークにかかわる第三の辛い経験は、自分自身のケアに十分な時間をとることができないまま過ごしてきたことである。災害の後、多くのケアワーカーは家族や自分のケアより地域住民のケアを優先させて、事業所やデイサービスに留まることを選んだ。自分たちや家族のケア、安否確認などができずに、過ごさなければならなかった者もいる。これらのケアワーカーは全員女性である（自分が家計を担い、子育てをしている場合もある）。子どもたちが自分で自分の面倒をみるようにするか、両親に子どものことを頼んでいる母親たちもいる。

たとえば、2人の娘と暮らしている管理栄養士は、災害の当日はデイサービスに避難してきた人々の食事の用意が先になり、小学生である2人の娘たちの面倒をみられず心配しながら過ごし、ようやく夜11時になって帰宅できたと経験を語っている。13歳の長女が10歳の次女を小学校に迎えに行き、かれらだけで母親が帰るのを待っていたのである。複数のケアワーカーが、子どもが熱を出しても十分に面倒をみてやれなかったなど、自分や家族のことが置き去りになってしまった経験を思い起こしている。

これらの経験を重ねてきたケアワーカーたちは、震災（今回の経験）を機に辞めてしまった人々がいることもショックであることや、人手不足になってより仕事が大変になっている時期に、実際に負担が増えていることが語られていた。61歳の訪問介護管理者は、震災後はこの事業所の訪問介護の利用者が120人から80人、そしてホームヘルパーが40人から30人に減少したと報告している。

最近、仕事と並行させて再び学びたいと考えるケアワーカーもいる。毎日の出来事や、仕事で発見したことについて考えるためのより多くの時間が欲しいと思う者は、ケアや介護にかかわる理論を学びなおしたり、より広いテーマのフォーラムや議論の場に参加する機会があればいいと思うこともある。かれらは、（仕事の資格を学校卒業後得たとしても）より経験を積み知識を得るに従って、再び学ぶ必要を感じるという。ただ、具体的にどのような機会や形式があり得るかは、まだ明解ではないという。

ワークライフバランス、収入、生涯教育の一環として自らの生活を再考する時間など、かれらの労働条件は、よく検討されねばならない。「汚い、臭い、キツイ、給料が安い」など労働環境に関する見方もあり、若い職員が定着しにくい。とりわけ、若い男性の場合は、災害地において復興ビジネスが比較的良好な収入を提示しているなかで、ケアワーカーとして働くことは（現状では）最後の選択となってしまっており、定着しにくい傾向がみられる。もちろん、介護支援ロボットなどの導入も、適切な使用に向けて検討が必要であろう。

事業所のケアマネジャーたちは、ケアワーカーを養成することの重要性を強調している。良質の人材確保に向けた教育研修事業として、介護職員初任者研修、福祉用具専門相談員・介護福祉士実務者研修などを開講しているが、十分な人数を採用するには至っていない。事業所はケアの重層化に向けて、言語聴覚士、作業療法士、理学療法士、レクリエーション・コーディネータなど、広範囲の専門職者を雇用してきた。これら専門職者が情報をいかに共有し、ネットワークするのかという課題が浮上しており、かれらの活動を統合・調整するケアマネジャーの役割がより重要になってきている。

おわりに

6章では、東日本大震災という変動を経験した地域で、多様なニーズをもつ高齢者たちと家族とともに、生活の場を考え実践する過程を追った。介護保険制度のもとで仕事として高齢者の生活を支える人々、とくにケアマネジャーに注目した。高齢者やその家族とケアマネジャーがともに生活の支援や介護のありかたについてケアプランを検討する過程で表現される、人生や日常に関するナラティヴ（語り）は、会話空間の可能性を示すものであった。様々な状態で会話に参加する人々は、毎回、ナラティヴを共同で生み出していくことになる。そこでは、家族も含め様々な物語が語られ、それらは、現在の支援のヒントとなると同時に、より広く参加者の生活を総合的に考える機会に広がる。自発的な会話によって紡がれる多様なナラティヴは、それぞれの人生に光を投げかける可能性を秘めている。ナラティヴのなかには、世代によって共有される記憶（コーメモレーション）も含まれることがあり、歴史記憶や文化の継承とかかわることもある（片桐 2003）。

ナラティヴ空間は、高齢期に支援を必要とする人々をはじめとして、変動のなかで生きることを自覚せざるを得ない高齢期にかかわる者たちが、どこに移動してもアイデンティティを感じることに開かれている。それは、関心を共有する人たちが、ケアを与える者／与えられる者という尺度で区分されることなく、生きる場を重層化し広げるための現場といえよう。会話空間は、力強く参加できる者だけが参加するのではなく、マイノリティや弱者の声が届くような現場をいかにして構成するのかについて問いかけている。

7章　いくつもの居場所を駆使する

はじめに

初めて秋田市へ向かったのは、2016年の春先のことである。空港からの道は真っ白で、数日間にわたり雪の世界を歩くことになった。秋田市を訪ねた理由は、2011年より高齢者ケアに関する実践的研究において連携してきた企業が、介護保険事業を秋田市でも展開していることであった。名取の事業所が東日本大震災直後避難所として活動したときに、秋田市の事業所は物資を送付するなどの支援をいち早く行った（6章参照）。秋田市も、震度5強で停電となり物資も不足しつつあったが、大きな被害を受けた名取の事業所を優先し活動したことは、介護保険事業所間のネットワークがあることの重要性を示唆している。

秋田市で訪ねた事業所、施設、それらを利用する高齢者たちとの面会を通じて、高齢者たちが暮らしに関する希望を発信し実践しようとし続ければ、地域の特徴を生かした多様なケアの方法が現場から立ち上がってくるのだという、地域に根ざしたケアの力を感じた。そうしたケアは、高齢者が状況に応じて移動する場所や、希望する場所など、どこにいても展開される可能性がある。以下ではその一端を紹介する。[1]

1　高齢者の地域生活への注目

近年、日本の高齢化においては、75歳以上（後期高齢者）の人口の推移が注目されている。団塊の世代が後期高齢者になる2025年頃まで75歳以上人口が著しく増加し、2000万人超となることが予想されている。2030年頃から75歳以上人口は急速には伸びなくなるが、85歳以上人口はその後の10年程度増加が続く。とくに地方に比べて都市部の伸びが大きい。[2] 2025年には、団塊の世代の人々が75歳に達し、多くが介護保険を利用すると予想される。認知症高齢者の現状についても、最新の認知症有病者数の推計では、2025年に約700万人となる。こうした状況から、今後、高齢者ケアのニーズの増大、独居高齢者や認知症高齢者の増加などが予測されている。

制度も変化し続けている。介護保険制度は3年ごとに改正され、特別養護老人ホーム入所は、要介護3以上の者のみが申請できることにも表れているように、より介護を必要とする状態にある人のみが利用できるものに制限されていく傾向にある。介護保険法の変化によって、ケアの対象となる高齢者の範囲が狭まり、比較的元気な高齢者は他の施設や在宅サービスの活用により、在宅生活を継続していくことになる。

そうした状況のもとで、高齢者が住み慣れた地域で暮らし続けられるように環境を整えるための方法が注目を集め、地域コミュニティや地域包括ケアシステムの構築が、精力的に模索されている。介護保険事業所のケアマネジャーをはじめとするスタッフが行ってきた介護保険に基づく共助としてのケアに加えて、多様な関係者によるより多くの種類のケアが開発されるだろう。地域を拠点とした関係者が、サービスやボランティアを行うことによって、高齢者の自助を助ける互助の活性化が期待されている。政策および個々人の生活における実践が、全体として、高齢者介護への憂慮から、様々な関係者が参加するコミュニティ作りに向かう可能性がある。

2　自宅を拠点として暮らしを構想する

秋田事業所の所長、ケアマネジャー、そして高齢者などから受けた説明や情報から、下記のような点が印象的であった。秋田市の特徴として、一戸建て住宅に住むことが一般的と捉えられており、人生において自分の家を建てることを大切に考えていることである。雪かきなどにおいても、近所の人々が協力することが日常でなされている。名取事業所の所長の母親も、高齢となっても一人で秋田市に暮らし続けているが、長年交流してきた近所の人々から離れて娘が働いている名取市周辺に移ることは現状では考えられないという。

とはいえ、若い世代については、秋田市を出て東京など大都市で働くことも受け入れられている。教育にも熱い視線が注がれており、新しい試みをしている国際的な教育機関も近年設立されている。医療に関しても、大都市の機関を利用することもいとわない傾向がある。こうした状況は、新幹線などインフラの改良もあるが、そもそも、地方にあっても、教育や医療に関して適用可能な最善のものを得ようとする気風が育ち、新しいものを模索する姿勢が顕著だからだという。だからこそ、Uターンする者にとっても、異なる地域からきた者でも、大きな抵抗なく住むことができると感じられるという。たとえば、介護事業所の所長自身は、長年東京周辺で流通関連の仕事をしてきたが、妻が故郷に戻ることを強く望んだことから、現在の仕事を得て秋田市に移り住んだ。犬を飼いたくて郊外に家を建て満足しているが、時折熊の姿を目撃することもあるという。

最近の暮らし方の変動として言及されることは、同じ市内に暮らしていても、かつてのように多世代で住むケースは多くはなく、近距離でも親世代と子世代が分かれて住むことも受け入れられているということである。だから、家を拠点としたケアサービスや、家から一時的に移動できる施設の存在も重要である。秋田市の場合、冬季でも通うことができるデイサービスや、一時滞在できるショートステイの利用が関心を集めている。いくつもの暮らし方を柔軟に構想し選択するにあたって、その過程をサポートする介護事業所、とりわけケアマネジャーや子ども世代の役割が重要となっている。

2-1　自宅に住み続ける

初春のある日、ケアマネジャーと子ども世代のサポートを受けつつ、夫婦ともに病気療養中

写真36　在宅で生活支援を受ける高齢者夫婦とケアマネジャー（秋田市、2016年）

であっても長年住み続けた家を生活の拠点としている本田さん宅を訪ねた。身体に問題を抱えているにもかかわらず、かつて二人で旅や仕事で出かけた様々な土地の話などを聞くことができたのである。夫の剛さんは、東京の神社に生まれたが、仕事で訪ねた土地のなかでとくに秋田の風景が気に入って、ここに家を建てた。

車の販売会社で勤務していた剛さんの海外での仕事には夫婦で出かけるほど活動的だった二人だが、数年前妻の京子さんは脳出血と脳梗塞に陥り、言語障害が残った。話の輪に加わってはいるが、人の話は聞くことができても、思うように口を開くことができず、もどかしそうな表情を浮かべることもあった。そんな京子さんを介護しながら過ごしてきた剛さんは、間質性肺炎で、酸素ボンベを手放せない。剛さんは自分の病気のため入院しなければならなくても、京子さんが困らないようにケアマネジャーに相談しつつ、日程を調整してきた。子どもたちの一人が、転勤願いを出して八戸から秋田に帰り、隣に家を建てて住んでいることも心強い。

約束の時間に訪ねると、剛さんは、まずゆっくりと時間をかけてコーヒーを5人分淹れてくれた。撮りためてきた写真をもとに画いた油絵のパネルが掛けられたラックを指さしながら、仕事で旅した国々の話をしてくれる。欧州でみた建物が気に入って、この家を作るときにも、屋根や壁を橙色に塗装したなどと、華やかな家を案内しながら話してくれる。体調が悪くても、二人は懐かしい思い出に囲まれ、好きな習慣であるコーヒーを楽しむことを続けているのだ。

剛さんは、すぐ近くのデイサービスには自分で車を運転して立ち寄り、お茶を飲み、話をしていくときもある。病を抱えた高齢の夫婦が自分たちだけで住んでいるといっても、若い世代のケア者たちの傍で、無理なく毎日を送っているように見えた。かれらの間では、高齢者専用の施設に移動するという選択肢は、今のところ検討されていない。２０１７年秋に秋田市を訪ねたときには、剛さんは病が悪化し他界されていた。京子さん一人では心配だろうと感じたが、思い出のある二階建ての大きな家で、子どもたちや介護支援者とともに、生活を続けている。

2-2　デイサービス

家で暮らす高齢者たちにとって、とくに冬や夏には、車で送迎してくれるデイサービスの存在は不可欠である。私たちが訪ねたデイサービスでも、凍った道を走り高齢者たちを送迎し、アクティビティや体操、昼食、入浴などのメニューを提供していた。

写真37　デイサービスで体操とゲームを楽しむ
（秋田市、2016年）

一日の始まりは、スタッフが発表するスケジュールを確認することである。昼食とおやつのメニューが読み上げられ、気に入った内容について聞くと歓声があがり、拍手がなされる。栄養バランスに配慮された美味しい食事は、デイサービスの魅力である。入浴時間や入浴の順番なども読み上げられる。介助を受けて安心して入浴できるというサービスは、当たり前に行われているが、日本に特徴的なものだと思われる。

体操、ゲーム、歌を歌うなどして過ごした後、昼食の時間である。この日の午後は、とくに理学療法士がやって来る日で、認知機能に障害のみられる人でも十分に参加できるゲーム形式で体をほぐし、筋力を高める運動がなされた。

様々な不調があって介護保険制度を利用しているわけだが、人々は、声を出し、笑い、コミュニケーションしている。スタッフ数人が見守っており、退屈そうな人はみられない。こうした事業所も企業であり、同じ料金でより魅力的な事業所を選択しようとする人々との間で、個々のデイサービスは、特徴を提示し、改善に励んでいる。

2-3　小規模な民家を利用したデイサービス

段差や障害物のある民家

高齢者や家族を支えるもう一つの場は、認知症高齢者対応のデイサービスである。ここで紹介する施設は、受け入れ人数10名程度の、民家を利用したものである。

一軒目は、郊外につくられた一見ふつうの家に見えるデイサービスである。駐車スペースで車を降りると、前庭、洗濯物干し場、そして玄関が見える。中に入って印象的なのは、廊下は曲がりくねり、その間には段差が多く、さらに段の幅が広いことである。家を改装せずにそのまま利用しているのだが、施設長によるとバリアフリーを目指さず、あえてバリアを残したという。そのことによって、利用者が自宅に住んでいるような感じをもち、段差や障害物にも慣れて、足をしっかりあげて体力を保持し生活できるというのだ。高齢になると一般の住宅には住み続けられないと心配するむきもあるが、在処を熟知している家具に手をかけ身体を支え暮らし続けることをあきらめないことが健康にもつながる、というコンセプトをもっているという。

この家のもう一つの特徴は、緊急の場合に限ってだが、宿泊も受け入れていることである。緊急の場合として第一にあげられるのは、介護にあたっている家族の事故や病気、遠方へ出かける用事などだ。急な事態が起こっても、家族も高齢者も安心して過ごせるよう、デイサービスに宿直のスタッフの採用など、システムを整えてきた。

認知症ケアとともに推進するスタッフのウェルビーイング

二軒目の施設も小規模なデイサービスである。家にいる、家に帰るといった感じを高齢者がもてるように、民家の雰囲気を重要視している。

高齢者たちは一斉に活動をするのではなく、広いリビングとダイニングのソファやテーブルなどに三々五々腰掛けて、3名ほどのスタッフに見守られながらゲームをしたり、話をしたり、読書などをする。玄関脇の廊下は、リハビリが必要な高齢者が看護師と一緒に歩いたり、段差のある階段を上り下りすることに利用されている。

昼には、経営者河野さんの母親がつくる家庭料理が供される。キッチンは対面で、ダイニングをはじめ部屋中を眺めることができる位置にある。訪問した日には、きのこや芋など具沢山の温かいきりたんぽ鍋を皆が楽しんだ。その日の利用者のなかには、子どもが働いている秋田市に東京から移住したばかりの高齢者もいたが、様々な人が参加できる話題である、地域の食文化について話がはずんだ。

午前中から午後にかけて、順番に一人ずつ風呂に入るのも重要な活動だ。ここでは一対一で、

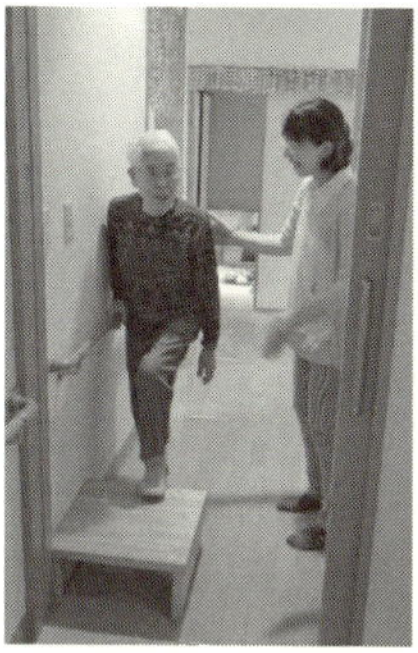

写真 38（右）　民家を利用したデイサービスで過ごす高齢者（秋田市、2017年）

写真 39（左）　廊下で看護師と階段の上り下り訓練をする高齢者（秋田市、2017年）

介助や見守りがなされる。入浴は、身体機能や傷などがないか、本人は気づかない健康状態をスタッフが確認する場でもある。一軒のふつうの民家を十全に利用して、これだけのことが展開されている。

緊急に対応が必要になった高齢者については、問い合わせがあれば、可能な範囲で認知症のあるなしにかかわらず短期の生活支援を行う。そのときは、河野さん自らが車のハンドルを握って送迎することもある。必要とされれば、できるだけ対応するというこうした姿勢は、経営者がこの仕事をする過程で培ってきたものである。

このような施設を作るまでの道のりについて、河野さんは次のように語ってくれた。学生時代から希望していた職種への道は険しく、自分の仕事といえる職業を探すことが難しく、なかなか人生に飛び込めないように感じていた。そのようなとき紹介されれ

写真40　スタッフとして食事の準備をする経営者の母親（秋田市、2017年）

た仕事は、福祉施設の清掃整備だった。それをもくもくと続けていくうちに、福祉関連の仕事の魅力を少しずつ感じるようになり、認知症など自分を表現することに困難を感じている人々が、ゆったりできる場所を創ろうと考えるようになった。資格をとり、他の施設で働き、人々をつなぐ仕事の面白さに目覚めた。

仕事をするうえで、なによりも重視していることは、まず、職員が幸せだと感じる職場とすることである。自分自身が仕事の面白さを発見してこの道にはいったので、職員が生き生きしていなければ、この仕事は成り立たないと感じていた。まず職員の状況をよく把握して、一人一人が働きやすい環境を作ることを一番に考えている。たとえば、不登校の傾向のある子どもを抱えて一人で子育てと仕事に奮闘している職員の場合は、就業時間を柔軟にすることで、働き続けられるように配慮している。家庭に悩みをもつ人々でも、職場にくれば元気がもらえるような環境を模索している。もちろん、職員が新しいことを学ぶことができるよう、職員教育にも力を入れている。

自分にあう仕事を見つけるまでは長い道程だった。そして今、民家を生かしてデイサービスをすることを、両親はうれしそうに支援してくれる。父親は日曜大工でデッキをつくり、母親は食事作りのスタッフとして、郷土色豊かな家庭料理を毎日作ってくれる。かれらも、40代になった息子と働く今を楽しんでいることが伝わってくる。

新しい場所として、認知症カフェの運営にも力を入れてきた。認知症の人はもちろん、誰でも集まれる開かれた場所で、ミニコンサートを開くなどの企画によって、主催者ともども楽しむ機会を設けてきた。認知症の人だけを対象とするデイサービスではなく、多様な人々がともに過ごし楽しむ環境こそが広がるべきだと考えている。

3　高齢者対象住居・施設への移動

3-1　町の中心で生活を楽しむ

最近開発された高齢者対象住居は、ＪＲ秋田駅前にある。ホテルのようなシックな黒い内装で、自由に生活ができるサ高住である。玄関では、ロボットが迎えてくれる。この施設のみならず、ロボットが設置された施設が頻繁にあるのは、雪で外出しにくく建物内で過ごす時間が長いことも関係しているのではと思われる。実際、雪が深いときのみ、この施設を利用するという高齢者もいる。玄関横には、同じ企業が経営する保育所への入り口もあり、いつも賑やかな感じがある。

この施設で重視している特徴の一つは、プライバシーに配慮した自由な生活だ。駅前なので飲食店には事欠かないのだが、内部には居酒屋風のレストランバーも備えていて、建物から出ずに食事やお酒などを楽しめる。

この施設を運営している事業所のもう一つの特徴は、事前の話し合いを重ねて看取りまで担う、終の住み処を目指していることだ。一般に、中規模までのサ高住では、食事やサークル活動の場などを提供はしていても、介護が必要な状態に対応したり看取りを行うことは難しいというところが多い。だが、この施設では、入居者は、最後まで慣れ親しんだ環境でスタッフに見守られながら暮らせるという。

この事業所が同じ秋田市内で運営している大規模な施設も、コンセプトは似ているが、終の住み処として多様な状況に対応できる。かつてのホテルの建物を利用したこの施設は、サ高住といった趣のフロアから、介護に適したフロアなどへ、入居者は体調に従って移動することができる。夫婦でも、望めば建物内で見舞いができる距離の別々の部屋で継続して生活することができる。

施設に設置された放課後の学童クラブも、先の施設より大規模だ。従業員が心配なく働けるように始めた保育所は近隣にも人気で、外部からも児童を受け入れている。

元気なときから入居して生活を楽しみ、慣れたところで最後までというCCRCの形式を取り入れた施設は、秋田市の郊外にもみられる。食事は、食堂でとってもよいし自分で炊事もできる。介護や看取りも行う終の住み処として選択できる。ここでは、畑なども備えて、暖かい季節には、外での活動にも対応している。だが、長い冬にも賑やかに過ごせるよう、ここでも食堂ではロボットが動き回り話をしている。

写真41　高齢者施設に併設された学童クラブ（秋田市、2017年）

3-2　多様なケースに対応する郊外の施設

人々は、実際、様々な状況で施設という環境を必要とする。ケアマネジャーは、実に多様な人々の対応に追われている。かれらが頭を悩ますケースとして、経済的な問題が解決されていない、家族など保証人が決まらない、入居に関するコンセンサスを得るまで時間がかかる、などがある。そうした多様性にできるだけ応えようとしてきた施設が、秋田市の郊外にある。自宅で過ごすことを望む高齢者であっても、一人で冬に家で過ごすことが難しいような場合も含め、ショートステイにも対応している。施設は、ひとたび入居すれば一生自宅には戻れないという印象があるが、リハビリに力を入れていて、帰宅できる方向を探ることも特徴である。たとえば、気管切開を受けた人でも、食事をとれるようになって帰宅する例もみられるという。

家族関係が悪い、あるいは家族が経済的な問題を抱えているなど、家族とともに暮らすことができないようなケースに関しても、個別にできる限りの対応をしている。一緒に住んでいる長女が浪費を繰り返し、借金を作り自宅を手放さざるを得なくなった高齢女性が入居するときも、ケアマネジャーとともに支援してきた。認知症があるが、定期的に訪問する次女と食事に出かけることを楽しみにしているこの高齢女性は、現在は穏やかな微笑みを浮かべて過ごしている。警官として勤め上げたが、長年家庭内暴力をふるい、介護が必要な状態となっても家族が対応しないケースもある。ケアマネジャーやスタッフは、家族への恨みを語る入居者の話を辛抱強く聞いている。

認知症高齢者対応のデイサービスも行っている。スタッフは、得意の碁に時間を忘れる認知

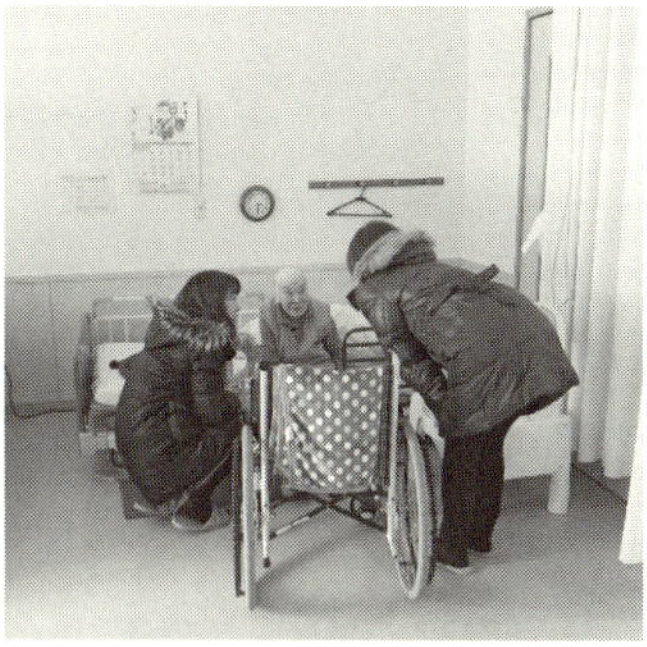

写真42（右）　施設滞在者と歓談するケアマネジャー（秋田市、2017年）
写真43（左）　施設のスタッフとケアマネジャー（秋田市、2017年）

症高齢者の相手を務め、しばらくすると帰りたいと望むこの高齢者を散歩に連れ出したりしながら、家族に少しでも休息時間を与えるように努力している。

同じケースは一つとしてないので、ケアマネジャーと相談しケースバイケースの対応を行っているが、施設代表は、より多くのスタッフが必要だと常に感じている。いつも十分な時間をとれるとは限らないが、若いスタッフたちは高齢者が施設にいるあいだに聞き書きをしたことを小さな冊子にまとめ、プレゼントすることも継続している。聞き書きの時間は、認知症高齢者が思い出をたぐり寄せる過程で、若い世代とともに新しいことに出会う時間を与えているようだ。

この施設で行われるほとんどのアクティビティは、広々とした大広間にいくつも並べられた長テーブルで行われる。食事をするときも、活動するときも、人々はこの長テーブルの近くに集まり、過ごしている。長テーブルなど大きめのテーブルは、遠慮なく近づき、心地よい間隔を保ちつつ過ごせる共有スペースとなっている。

3-3　看取りとホスピス

施設として、ホスピスを選択した人の場合も、家に暮らす雰囲気で養生するという試みが行

写真 44　民家を利用したホスピス（秋田市、2017 年）

写真 45　民家を利用したホスピスの居室（秋田市、2017 年）

われている。ここで紹介するものは、小規模だが、医師が使用していなかった家屋を開放して行っているものである。ふつうの家なので、利用者は、調理者が食事を用意する音や匂いを感じることも含め食事を楽しみ、庭木を眺め、季節の移り変わりを感じながら、看護人が常駐する安心のなかで暮らすことができる。自分の家と異なる点は、ペットとともに移り住むことはできないことである。

4　移動の選択——施設から家へ

秋田市の様々な施設を訪ね歩き、一つ一つの工夫に感嘆し、施設だからこそできることの範囲に驚くことが多かった。とはいえ、高齢期や病を得たときには、自分の生活を変化させ移動しなければならないのか、というおそれを常に感じ、心配していたことも事実である。だが、重い症状のある弟をケアしつつ暮らす姉を訪ねたとき、施設であれ、家であれ、ケアマネジャーなどに相談しながらその都度住む場所を選び直し、自分たちにあったかたちに組み合わせることもできるのだと安堵した。

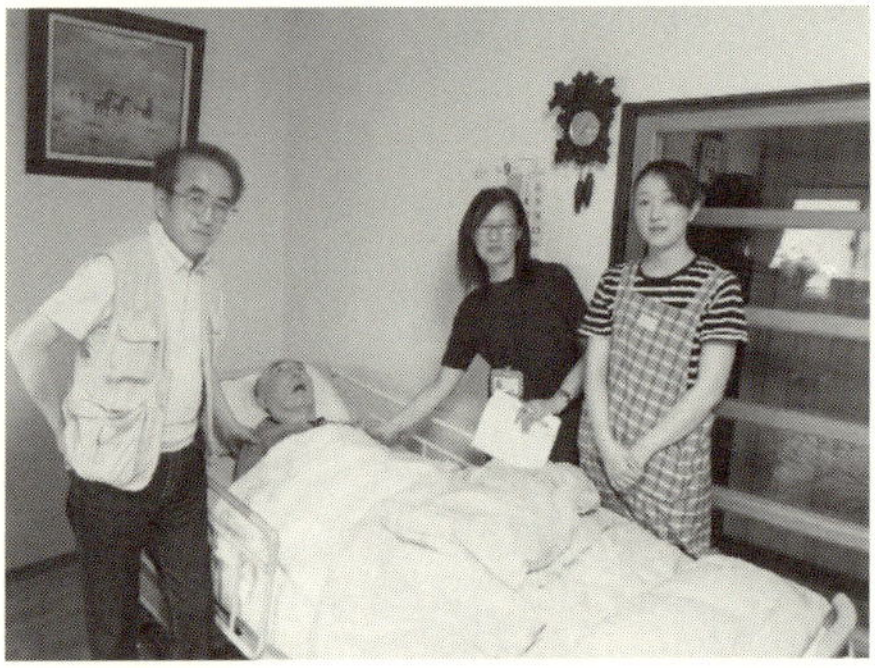

写真46　医師、ケアマネジャー、ヘルパーの支援を受け、自宅で家族とともに暮らす高齢者（秋田市、2017年）

夢をもって南米に移住し建設関連の仕事をしていた弟は精神の病に倒れ、日本に戻り入院し、その後リハビリのための病院へ転院した。しかし、姉によると、薬のせいか弟はどんどん表情がなくなり、意識がおぼつかない感じとなった。そこで姉は思い切って弟を家に連れ帰った。70代の姉は夫を亡くした後、一人で自宅に住み続けていたのである。弟は、言葉を発することはできずほぼ寝たきりではあるけれど、気管切開を受けず、姉やホームヘルパーが工夫して食べやすいように用意する料理を一口ずつ口に運んでもらうという生活を続けている。

言葉を発することはなくても、弟は血色がよく、好物を食べるときにはおいしそうな表情をしてたくさん食べる。高齢となり自分が体調を崩すこともある姉だが、時には12ほどの事業所へ支援を頼みながら、ヘルパーやケアマネジャー、医師の力を借りて、一緒に生活している。姉にとっても、弟のケアは大変なものだが、確固たる生きがいにもなっており、自宅に居ながら多くの人々と出会い、交流する機会を得ている。

こうしたケースに出会うと、続けたい暮らしのかたちに向かって多様な支援を受けながら皆で工夫することはできるのだ、と希望がわいてくる。もちろん秋田で自宅に暮らし続けたいという人々の希望を重視し、そのための協働を推進している医師たち、ケアマネジャーや看護師、ヘルパーなどの多様な人々の存在は不可欠である。

おわりに

本章では、日本において、高齢者たちが実に多様な施設と自宅を柔軟に使ってゆくさまを追った。自宅で過ごすことを望みつつも体調や支援者の状況の変化のなかで、様々なニーズをもつ高齢者たちが利用できる選択肢の広がりと、場所と利用者のマッチングに奔走するケアマネジャーをはじめとする人々が存在する。高齢期の移動をおそれてばかりいる傾向の私たちだが、考えてみれば必要に応じて様々な場を利用することは当然である。

通所用のデイサービス、滞在できる施設ともに、民家を利用したもの、そしてもちろん自宅と、家に住んでいるような感じで治療や介護を受けつつ過ごせる場の広がりとその充実は、私たちの不安を少なからず払拭する力がある。それは、変化のなかで適所に限りなく近い場所を継続的に選択できる「安心」という、エイジング・イン・プレイスである。特別な施設や格別の自然環境が必ずしもなくても、高齢者や家族の希望をもとに、多くの人々の工夫に支えられて、居心地のよい暮らしの場が創出されている。

会話を生かして、利用者と施設をつなぐ人としてのケアマネジャーをはじめとする人々の存在と協働は、固定的ではないその場で次々に創られ醸成される知恵を感じさせる。そして、そこでは、ケアワーカーたち若い世代が活動できる環境の整備が不可欠であることが照射された。

8章 生涯教育――もう一つの時間

はじめに

社会の高齢化が進み多世代共生のありかたが問われるなか、「エイジング（エイジ）フレンドリー・コミュニティ」という言葉は、高齢者が暮らしやすい環境構想を出発点として、すべての人が心地よく年を重ねられるコミュニティ創出を目指す実践として注目されている。本章では、北欧ですべての世代の「余暇活動」の一環として続けられてきた「民衆の学校」が、人々の暮らしとどのようにかかわってきたのかを考える。[1]

はじめてもう一つの学びの場としての民衆の学校と出会ったのは、2005年のことである。高齢化と福祉に関し学べる場所を探すうち、デンマークの生涯学習機関フォルケホイスコーレ

（国民大学、民衆大学 Folkehøjskole）を見出した。[2] フォルケホイスコーレは、もう一つの学校として、人々の生活のなかに根づいている。高校を卒業してその後の進路を考える若者や、仕事をしながら学び直しを考える人、海外からの旅人など、誰にでも開かれている。

1　高齢者の自立／自律と選択

1-1　町のコミュニティで暮らし続ける

高い税金をおさめるが充実した社会福祉で知られる北欧ではどのような状況なのかについて、2004年以降、デンマークやスウェーデン（それぞれ高齢化率：19.7%／20.0%、2017年）で関連機関や研究者を訪問し検討を続けてきた。

最初にコペンハーゲンで迎えてくれたのは、モントリオールで開催されたカナダ人類学会の大会で、家族や子どもたちの生活について同じパネルで発表した縁で知り合ったエヴァである。電車で市内の集合住居にある彼女の自宅へ向かった。

夕方に立ち寄ってくれたエヴァの友人ローラは、長年ナーシングホームで働いてきた。郊外に大規模なナーシングホームを展開してきたデンマークだが、財政的な問題や慣れ親しんだコミュニティを離れて暮らすことが高齢者のエイジング・イン・プレイスに望ましくないのではないかという考え方から、1980年代以降、町のコミュニティで生涯暮らせるような住居が整備されてきた（鈴木 2006: 80; 2012: 96）。ローラは、高齢者をコミュニティに包摂するという考え方により、自分たちのように介護や生活支援サービスに携わる者にとっても、通勤時間の短縮や仕事をする環境という点で日常生活の質が大きく改善された、と語った。

写真47　もう一つの時間を過ごす郊外の小さな家（コペンハーゲン、2006年）

そうした状況の変化のもと、50代のエヴァは、退職後はより生活支援サービスを受けやすいつくりの高齢者対象住居施設に入ると思う、と述べた。街を歩きながら彼女が指し示したのは、外見は現在の集合住居と同じような質素なレンガ造りの建物である。だが、各部屋の窓には思い思いのカーテンがかかり、夕方に楽しむのかロウソクも飾られ、落ち着いた雰囲気を醸し出している。エヴァは、町の様子がわかっているので、ずっとこの地域を拠点として選ぶだろうというのである。

エヴァは、人生のその時々で自分に合った生活を考えて、複数の場を試してみることには抵抗がないという。実際彼女は、この時期、コペンハーゲン郊外に小さな家を借りていて、まとまった休みが取れるときに少しずつ補修しながらもう一つの暮らしを楽しんでいた。電車とバスを乗り継いで日帰りで行ける程度の距離にあるこうした小さな家は、もともと貧しい人々が農業で生活できるようにするための貸し出し農地に付属した質素な小屋で、暖房などの設備が十分でなく、夏季のみ宿泊可能である。現在、こういった農地は菜園として小屋とともに一般市民に貸し出されている。都市住民にとって自然に触れられる憩いの場となっているこれらの住居は、木々と庭、そして多くの小さな家で構成されたコミュニティという印象である。

1-2　在宅高齢者への生活支援サービス

その後、コペンハーゲン市内で暮らし続ける高齢者の生活について、研究者や実践者へのインタビューや訪問を続けるなかで、オーフス大学教育学部やデンマーク国立社会研究所で、公的な研究資金を得て高齢者のウェルビーイングに関するプロジェクトを進めている若い研究者たちの会議に参加する機会があった。デンマークでさかんなノルディックウォーキングを生かした体力増進プログラムや在宅高齢者の食事、そしてデイセンターのありかたなどについて議論が活発に交わされた。インタビューの場には、必ず果物やパン、コーヒーが用意され、仕事の合間でも、語り合いや議論の時間を重視する姿勢が、印象的であった。

写真48　高齢者への生活支援サービスについて議論する若手研究者たち（コペンハーゲン、2011年）

税金などの負担は大きいが福祉が充実しているといわれるデンマークでは、個々人が充実した生活をできるような福祉サービスが目指されている。とはいえ、高齢者が在宅で暮らし続けるための支援にかかわり、食事を配達する範囲をどの程度にするのかなど、行政と研究者のあいだでは激しく議論が交わされるという。比較的体力のある高齢者への食事配達を縮小すれば財政的には楽になるが、研究者の意見は、ヘルパーなどの頻繁な訪問を必要としない高齢者にとっては、配食サービスは生活における重要な交流の時間となっており、栄養豊富な食事とともに心身の健康に重要だというのである。

自分が研究対象としている移民が比較的多いコペンハーゲン

ハーゲン南部のデイセンターに私を伴ってくれた研究者イングブリットは、高齢者のためのプログラム開発などについて検討しているという。

印象深かったことは、センター利用者がスケジュールにしたがって一つのプログラムに参加する形式ではなく、高齢者それぞれが時間の過ごし方を選択することである。その時間には誰も使用してはいなかったが、脳の機能に関する情報を提示しているコンピュータ（ＰＣ）も設置されている。体操をしたり絵を描いたりする部屋には、活発な高齢者たちの姿が見える。お茶もコーヒーを飲みながら話している高齢者たちは、その輪に入るよう手招きしてくれた。お茶も食事も、欲しいときに決まったところにお金を置いて取るセルフサービスになっている。

気になったことは、一人でぽつんと他の人たちの姿を珍しそうに眺めている人もいたことである。いつ頃デンマークにやってきたのかはわからないが、デンマーク語や英語はあまり話すことができないようであった。日本のデイサービスでは、全員が参加しやすい歌や食事の時間がとられていることが一般的だが、このデイセンターのように、個々人が時間の過ごし方を選択する形式の場合、文化的背景を異にする人々は、すぐにはサービスをうまく利用できなかったりするという問題もあるとみられた。

1-3　高齢者たちの活動

このように、個々人が選択して時間を過ごすという暮らし方は、のちに生活支援サービス付き住居を訪ねたときにも、垣間見えたものである。2000年代に建築されたばかりの平屋5棟のプライアセンター（高齢者センター）は、24時間のケア体制がとられてはいるが、「住人」と呼ばれている高齢者は独立型の住居で暮らしている（鈴木 2006: 80）高齢者たちは、食事を作って食べるか、食堂を利用するかそれぞれ決める。共通のキッチンでスタッフの支援を受けながら調理することもできる。車椅子でも利用できるキッチンは、台の高さも容易に調整できる。食堂を利用する場合にも、時間は自由で、一斉に食事をとるということはないという。

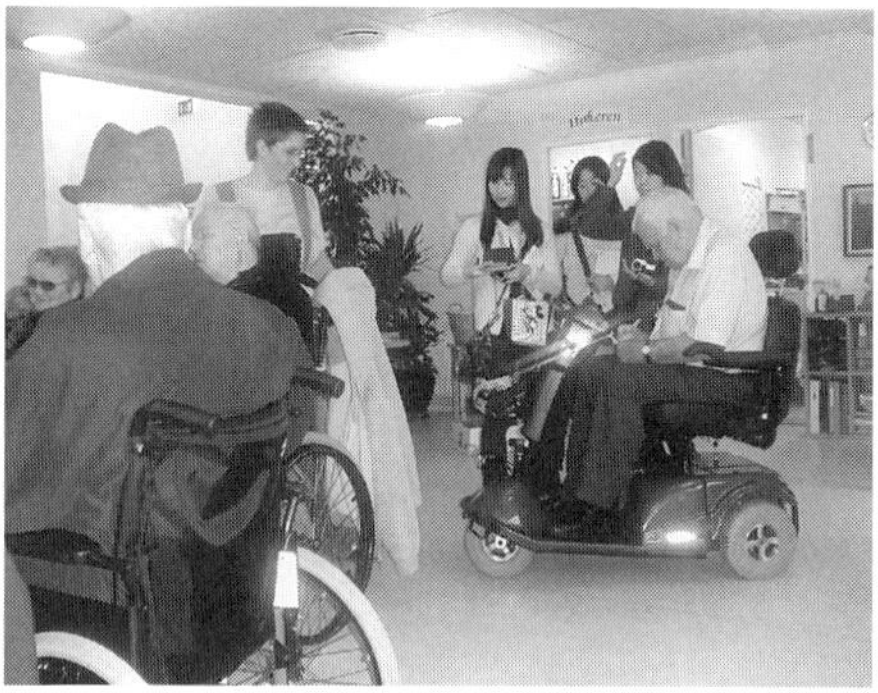

写真49　若い世代の訪問者と交流する高齢者たち（デンマーク ボーゲンセ、2006年）

電動や通常の車椅子で元気に移動する人々は、身体に不調があっても、様々な行動を選択する自由が大切にされている。日本のＣＣＲＣでは、車椅子を必要とするようになるとナーシングホームへの移動をすすめられることがあるとも聞いていたので、器具を生かして生活することが当たり前となっている高齢者たちが活発に感じられた。

高齢者たちは生活支援サービスを受けるばかりではなく、町を住みやすくするために活動しており、高齢者自身の意見をとりいれるシステムも整っている。１９９７年には高齢者委員会を地方自治体に設置することが定められた（鈴木 2006: 81）。そこでボランティアとして働く高齢委員ルイーゼによると、高齢者自身が環境のノーマライゼーションが十分に実践されていない状況、たとえば歩きにくい道路などについて伝えれば、担当の公的機関に連絡され必ず改善につながっていくという。こうした高齢者の活動にみられるような、人生のどの時点でも時間の過ごし方を考え実践する傾向は、デンマークに特徴的な「余暇活動」や自己教育と深くかかわっている。

2　フォルケホイスコーレ──常設のオルタナティヴスクール

北欧諸国には、人生の様々な時点で、人々が新しい知識や技術に触れることができるように、特徴的な生涯教育（ライフロングラーニング）の伝統がある。デンマークのフォルケホイスコーレは、会話や生活をとおして「全体としての生“life as a whole”」について思い巡らす場となっており、他の北欧諸国でも実践され続けてきた（鈴木 2006: 77, 85; 2012: 78, 81）。

2-1　余暇活動の思想

余暇活動の思想あるいは自己教育についての考え方は、デンマークの歴史のなかで生まれてきた。19世紀半ばのデンマークは、近代化のもとで都市化が進行し、農村と都市の格差拡大、農村の疲弊が顕著となっていた。哲学者、詩人、教育者、聖職者のN・F・S・グルントヴィ（Nikolaj Frederik Severin Grundtvig: 1783-1872）は、この状況を打破する方策の一つとして、農村に住む人々が、仕事をしながら集い学ぶことによって、社会や環境について考える力を育てることを提唱したのである。

グルントヴィの考え方は、同時代ヨーロッパのフォルケ（国民、民族）のオプリュスニング（教育、啓蒙、成人教育）、すなわち「民衆啓蒙」という意味をもつ「フォルケオプリュスニング」の提唱とも呼応していた。定型教育に属さない教育や学習方法の重要性を謳う「フォルケオプリュスニン」は、19世紀の宗教的・社会的運動に起源をもつ。1830年代ヨーロッパ中部の革命運動の波を受け、知識人、中産階級のあいだでは自由主義運動が興隆し、封建的階級差別是正や下層農民の生活改善が主張されていた（コースゴー 1999: 142-161; タニング 1987: 233-253; 湯沢 2003: 178-179）。

グルントヴィの発想は、豊かな暮らしや人々の相互作用についての彼の考え方と深く関連している。今でもデンマークの人々によく愛唱されている詩歌の一つのなかで、グルントヴィは次のようにうたっている（アナセン 2004: 198-199）。

人生は、平凡で楽しく暮らし、働く生活がよい。
このような生活は、王の生活と交換できない。
年老いた者たちと一緒で、素朴で楽しい生活がよい。

王宮の中も、あばら屋の中も、同じように素晴らしい。（『国民唱歌集』第17版、463番）

日々の暮らしをまっとうしながら周囲と調和してゆくことが、個人の充足、さらには人々が安心して暮らせる社会形成にとって重要だという信念が表現されている（鈴木 2006: 77）。

すべての人が学ぶ機会をもつことの意味として、グルントヴィは、人間の生の不可思議さや尊厳を知ることをあげていた。その方法として重視されていたのは、「対話」である。人々が対話を重ねることによって、すでに民衆自身に内在する考え方や資質に光をあて力を合わせて生きることに覚醒することがグルントヴィの願いであった（湯沢 2003: 179–180）。その思想は、C・コル（Christen Kold 1816–1870）によって具体化され、農村青年たちの学びの場が整備されていった（コル 2007; 清水 1996; 鈴木 2012: 81）。

2-2　デンマークの余暇活動

デンマークの余暇活動は、第一の目的としてすべての世代の人々が重層的な時間を過ごすことが可能となる「もう一つの時空間」として展開されてきた（鈴木 2006: 77–78; 2012: 79–80）。子どもたちの余暇活動としては、学童、少年クラブなどが実践されてきた。青少年が居住地域における余暇活動に参加できるように、学校での部活動は行われず、学習塾もみられない。また、失業者にも学ぶ機会を与え、成人も学び直しの余裕をもつことができる。一方、高齢化が進行する状況で、高齢者の活動の場を広げてゆくことも検討されてきた。

余暇活動の第二の目的は、「資源としての人間」の能力を引き出し、地域社会の構成に生かしていくことである。１９５０年代以降、女性の就業率が高まり、とりわけ都市においては高齢者が孤立せず、子どもたちにも十分に目の届くような地域社会のありかたが模索されるようになった。１９６０年代後半以降、行政単位の再編に伴い地域の解体が進むなかで、地域社会の形成が課題として浮上した。それは、必要とするときに十分なケアをすべての人が平等に受けられるようにするという考え方に基づく。

平等なケアを遂行するにあたって、デンマークではケアの単位を家族と考えずに、個々人を対象としてきた。デンマークでは、もともと親子三世代が同居することはまれで、子どもは18歳を過ぎると独立して自分の住居を構える。このような傾向のあるデンマークにおいては、家族だけで支え合うのではなく、地域を基盤として助け合うシステムによって、誰もが安心して暮らせる社会の構想が必要と認識されてきた。労働時間を週に37時間に設定し、環境のノーマライゼーションを進め、すべての人がその人の能力をもって社会につながることにより構成員を支えるという「障害のない社会」の構想が練られてきたのである（野村 2010; 鈴木 2012）。

1980年代以降、施設利用から在宅への移行を含め大きく転換した高齢者福祉対策においても、高齢者をケアの対象として捉えるのではなく、「自己資源（残存能力）」を活用することが謳われた。「デイセンター」は、自宅で生活する高齢者が、自立できるよう健康を維持し、地域の人々と交流する場として重視されてきた。

2-3　「もう一つの時空間」としてのフォルケホイスコーレ

余暇活動のなかでも、「人生の学校」とも呼ばれるデンマークのフォルケホイスコーレは150年以上の歴史をもっており、デンマークには珍しい私立学校に位置づけられ、それぞれが設立者の学びの場に関する構想をもとに運営されている。

フォルケホイスコーレは、単位を取得し卒業するという学校ではなく、入学・修了試験や成績表もない。この学校は一般に全寮制で、教師や仲間との会話や生活が重視されている。学校は、17.5歳以上の誰にでも開かれているので、人生のどの時期にでも日常生活からいったん離れて寄宿舎に住み込み、自分が希望する内容を学んで考え、新たなことがらや人々に出会う機会をもつことが可能である。大学入学前や会社をいったん辞めたり休職してやってくる者もみられる。大学入学前に、旅行したりフォルケホイスコーレに入学することは、経験の一つとして評価されるといわれる（鈴木 2012: 82）。

フォルケホイスコーレは、余暇活動の第一の目的に即して人々が自らの生活を再構成する時空間を保障し、第二の目的に沿って、人々が社会のありようを再考する協働作業に参加する場を具体的に用意している。

2-4　個々のありかたの尊重と伴走

滞在したフュン島にあるフォルケホイスコーレは、かつて北欧の福祉を体験したくて日本から北欧にバックパッカーとして出かけた中村さんが校長を務める。「障害のない社会」構想として知られる、多様な状況にある人々が共生できる社会をめざし、知的障害者もともに学び自立して生活する場所として開発してきたフォルケホイスコーレである（鈴木 2012）。デンマークに難民として来たばかりの人々が短期間滞在する場も、滞在者全体の文化交流という視点から積極的に提供している。多様な人々が包摂される社会を考えることは、もう一つの生き方の提案につながるというのである。

このフォルケホイスコーレを訪ねたときから、印象深いできごとにいくつも出会った。オーデンセ駅からバスに乗り歩き始めた道は、久しぶりの土の道である。分岐している道は同じような太さで、どちらが本道から学校へ入るものなのか見分けがつかずにいたところ、背の高い青年が流ちょうな英語で話しかけてくれて案内してくれた。学校に滞在し学んでいる学生だったのである。彼をふたたび見かけたのは数日後のことだった。滞在者全員がともにする夕食までの時間は、皆が庭や食堂で思い思いに過ごす時間である。ふと見ると、最初の日に私を案内してくれた頼りがいのあるがっしりした青年が、寂しそうに悲しそうにすすり泣いている。何ごとが起こったのかといぶかったが、滞在者たちは夕暮れ時にはしばしばそのようだと気にしていない様子だった。そうした感情表現をしつつ場に参加し、また、その感情や、それを表現することを当たり前としてそのまま受け止める人々のありかたに初めて出会った気がした。

このフォルケホイスコーレでは、どのような状況にある人も、ウェルビーイングを追求できるよう環境を整えるノーマライゼーションを、実習や実践のなかで探求することを目指している。実習として、知的障害のある人々が学び働く場所、高齢者対象住居施設、教員養成大学などへ訪問が実施されている。

知的障害のある人々が学び仕事をする施設を訪ねたおりに交流した人々は、みな年金を得ており、住居を含め自立した生活をしている。平等であることは、一人一人の状態に応じて、必要な支援を適切に行うことを基礎としている。

生活指導教員養成大学は、福祉や介護の現場の充実や余暇活動の実現に向けて不可欠の人材を育ててきた。なかでも「ペダゴウ」（pådagog）という資格をとると幼稚園、学童保育所、小学校のサポート、精神病院、高齢者施設、養子縁組、家庭への訪問などにかかわる自治体の職員として働くことができる（鈴木 2006: 76, 82; 2012: 94–95）。こうした職業につくにあたって、自分自身がもう一つの時間や生き方を考える紆余曲折を経てきたことが評価されるという。

個々人に対するこうした伴走者の存在は、ノーマライゼーションの思想と実践における努力のもとでも、多様な状況にある人々が自己決定や自立を重視する文化の中で生きていくことの困難さと、それに対して細やかで適切な支援の努力が続けられていることを物語っているともいえよう。

次節では、同様にもう一つの学びの場をもつスウェーデンにおける、認知症ケアにかかわる学校をみてみよう。

3　スウェーデンの認知症ケアにかかわるフォルクフーグスコーラ

3-1　認知症高齢者との交流を考える

デンマークにおけるフォルケホイスコーレにあたる、スウェーデンの国民大学（フォルクフーグスコーラ folkhögskola）は、1990年代半ばにはおよそ130校、2000年代前半には140余校ある（伊藤 2006: 35; 鈴木 2012: 96-97）。ここでも、やはりグルントヴィの精神は引き継がれており、人々は寄宿舎で過ごすこともできるが、仕事を続けながら通うこともできるなど、柔軟な設定がなされている。スウェーデンの雇用保障と連携している社会保障において、とくに公共サービスが、人々が継続的に働き続けることとの支援を行ってきた。就労している人が学び直す機会が重視されており、教育休暇制度により雇用主は不利な処遇をできない（宮本 2009: 98-99）。

以下で紹介するのは、認知症者との交流について実績のあるフォルクフーグスコーラである。

写真50　雪に覆われたフォルクフーグスコーラ（スウェーデン　リリホルメン、2010年）

ストックホルムから電車とバスを乗り継いで南へ3時間ほどの山間部にある。

ここには、認知症者にかかわる仕事やボランティアなどをはじめようとする人、より適切に家族や近しい人々のケアを行いたいと願う人たち、さらに、コミュニケーションにかかわる知識を蓄積したい、と意欲を燃やす教師も滞在していた。ここで知識や技術を習得した高齢者たちのなかには、年金を受給しつつ、ボランティアや仕事をする者たちもいるという（鈴木 2016b: 243）。学べる科目は、絵を描くことや演奏することなど、広く表現にかかわる実習も含む。たとえ短い期間であっても寮に滞在し、生活することが基本である。私も深い雪のなかの静かな施設で、質素だが居心地のよい部屋に滞在し、三度の食事を楽しみ、様々な学びの場を見学することに集中する経験をした。

認知症者との関係性構築に関する授業は、講義、実習と議論から構成される。受講者の一人がケア者、講演者が認知症者の役を担当しやりとりがドラマとして演じられる。その教室では、認知症者とのコミュニケーションにかかわる経験や思いをそれぞれが語り、時には、感極まって大声をあげて泣き出す人もいる。ドラマを素材として、参加者は誰もが思い思いに声をあげ、感想を述べ、議論する。この場自体が、コミュニケーションを学ぶ教室にとどまらず、人々が声をあげ対話によるコミュニケーションによって、ナラティヴが紡がれていく場なのである。

この学校の講義のなかで、寒い季節が長いスウェーデンでは、人々の生活の思い出として、衣服のなかでも帽子が重要な役割を果たしていることが言及された。参加者たちは教室に運び込まれたたくさんの帽子を手に取り、人々が、モノやその手触りによって、思い出をたぐり寄せたりコミュニケーションすることについて、検討した。

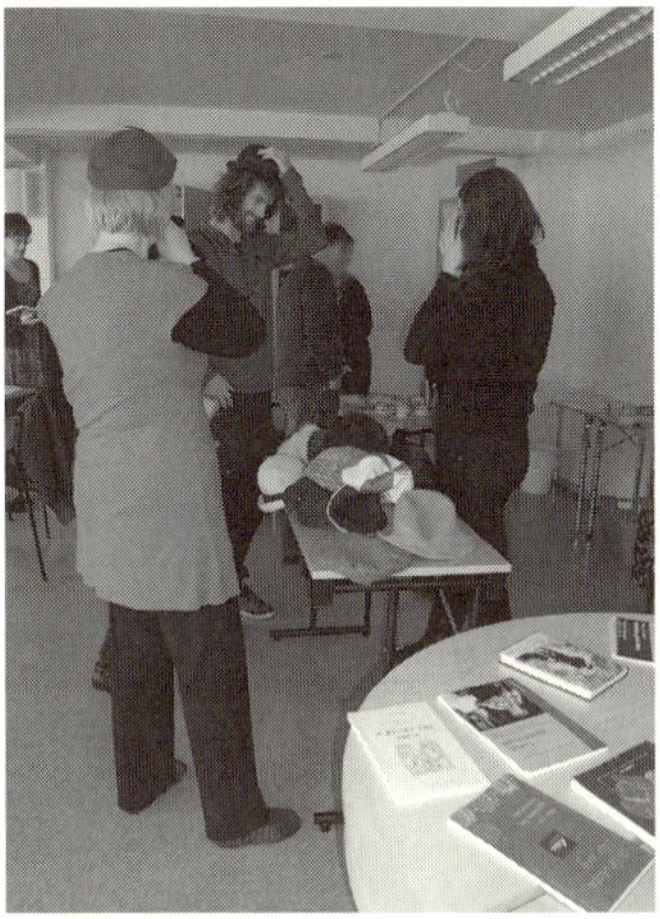

写真51　思い出の帽子を利用した認知症者との交流を学ぶ人々
（スウェーデン　リリホルメン、2010年）

3-2　認知症高齢者のためのデイケア

実際にスウェーデンでも、認知症ケアに関する経験と知識に基づき、雪深い天候のなかでもくもくと高齢者ケアを行う高齢者ボランティアに出会った。そこは、

写真52　デイケアが設置されている高齢者用住居施設（スウェーデン リンシェーピング、2010年）

認知症高齢者たちを対象としたデイケア（デイケアセンター）である。近隣で暮らす高齢者たちが、一人であるいは家族などに伴われて通ってきて、食事や散歩をはじめとする活動をともにして一日を過ごす。とりわけ、皆でともにする昼食は、楽しみの時間である。高齢者ボランティアが他の活動のあいまに、じゃがいもやグリンピースをゆでて用意する。アツアツの状態で、バターや塩・胡椒をかけて、素材の味を楽しむ。

　冬の陽光を最大限に取り入れながら、様々な活動が行われる。使用後の包装紙を貼り合わせてイメージチェンジをした椅子など、自分たちが使うものを作っている。暖かい時間をみはからって、雪が残る外に散歩に出かける。このような機会にも大切にされているのは、思い出にかかわる品々の活用であった。仕事や用事に出かけた若い頃と同様に、温かい帽子をかぶって外套を着ることも重要な活動だ。先のフォルグフーグスコーラの授業でとりあげられていたように、ボランティアの女性は、帽子は、冬が長いスウェーデンの人々にとって欠かせない日常着であり、たとえ自分の帽子について思い出せなくても、人々が広くスウェーデンの暮らしについて思いを馳せるきっかけを与えるものとして、とりわけ認知症ケアには重要な役割を果たすと説明していた。

衣服のみならず、これまでの人生で愛用してきた品々は、認知症高齢者たちに共通の話題を与え、語り合いを豊かにすると考えられている。家族などに頼んで用意された服や思い出の品は、目立つところに下げられたり、一人一人の「忘れな箱」のようなトランクに入れて蓋を開

写真53　トランクに詰められた思い出の品々（スウェーデン　リンシェーピング、2010年）

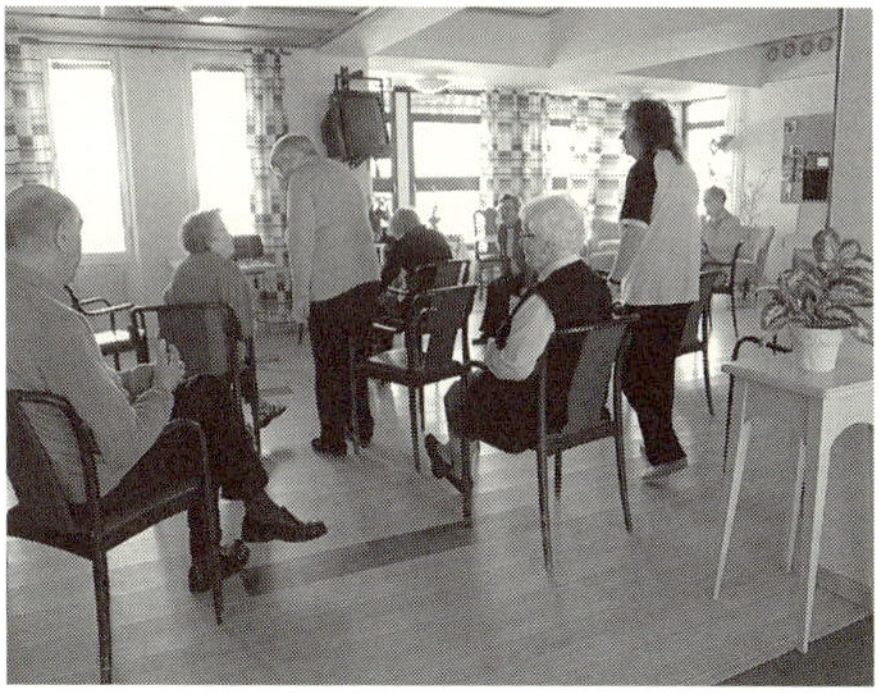

写真54　デイセンターのリビングで寛ぐ高齢者、スタッフ、高齢者ボランティア（スウェーデン　リンシェーピング、2010年）

けておかれたりしている。もちろん、写真立ていっぱいに飾られた写真は、様々な思い出が詰まっている。

とはいえ、この場に滞在し印象深かったことは、高齢者たちが暖かい部屋で、たくさん話すわけでもなく、ただ日の射す窓の方向を眺めながらゆったり過ごしていた姿である。認知症者の交流に多くの配慮がなされた環境ではあるが、人々の交流には、それらを越える穏やかな場の雰囲気や陽射しまでが含まれているような気がしたのである。

おわりに――生涯教育：もう一つの時間が中心となる生活

本章では、デンマークやスウェーデンの高齢者の生活と、すべての人に開かれた生涯教育の機関フォルケホイスコーレ（国民大学、民衆大学）に注目した。もう一つの時間としてのボランティアや学びが、人々に語り合いや物語を紡ぐ時空間を提供し、暮らしのありかたを広げる様相を考えた。

様々な語りや物語に開かれた時間の確保は、人生のどの地点でもそれぞれが感じる様々な危機を渡るとき、つきあう伴走者と環境の保障を意味している。フォルケホイスコーレは、第一に、人々が休息したり立ち止まりつつ人生を考え重層化させる機会を与え、第二に、フォルケホイスコーレで議論し考察したことを暮らしの場や社会のありように還元する具体的な場を提供している。

そこでは、グルントヴィの思想を引き継ぐ対話が重視されている。対話がもつ意味は対面の交流のみならず、思いを声に出してみることや他者からの応答があるという点で、書き物ではない、声の文化（児玉 2016）と深くかかわっていよう。声によって表現されることは、感想や意見にとどまらず、書かれた書物などを読み上げたり、演じられるドラマなども含まれる。つまり声は、個々人の意見やアイデンティティの表現など応答を期待される対話を越えて、多くの人々が同時に、かつそれぞれ好きなように味わうことができる、様々な素材を与えることができる。こうした素材を囲む自由度の高い場には、世代や知識量にかかわりなく、誰もが加わることができる。むしろ、多様な人々の参加によって対話や発せられる声から、思いがけない感想や考え方が提示され、世界が豊かなものとして広がる可能性がある。

終章　生を養う協働の舞台
エイジングフレンドリー・コミュニティ

　私たちは、人生のいつの時点でも、自分らしい暮らし方を模索している。なかでも、高齢化という変化のなかで、納得できる生き方を探求する人々は、その場としていかなる環境を構想し創造していくのだろうか。すべての人々が心地よく暮らせるエイジングフレンドリー・コミュニティの具体相への関心から、高齢者の暮らしの場を訪ねてきた。その過程で見出されたのは、誰もが参加できる場のありかたや、活動と休止のリズムの重要性などすべての人にかかわるウェルビーイングの諸要素である。異なる文化的背景をもつ人たちがともに生きる異文化交流にかかわる、共有の場、ナラティヴ（語り・物語）、伴走者（案内者）の存在と意義が浮かび上がってきた。

　第1部では、ウェルビーイングの考え方やイメージに基づき、終の住み処を自分たちで作り出そうとする人々に焦点をあて、エイジング・イン・プレイスにかかわる活動の展開について検討した。

1章は、自分たちが若い頃から大切にしてきた共生という価値観を住空間に適用しようとした人々の活動に注目した。世代の違いやそれぞれが得意あるいは好きなことが異なる特徴をもつ人々がかかわりあう異文化交流をして、必要に応じて支え合って暮らすために、共有資源を活用する共有の場を創ってきた人々に焦点をあてた。かれらは、共有の場によって共生を目に見えるかたちで実践することを目指し、その管理がどれほど困難であっても、諦めず続けてきた。かれらにとって、信念に基づきケアを実践すること、そしてその舞台であるコミュニティのある町に暮らせることが、エイジング・イン・プレイスであった。

2章では、移民という経験をもち、自分の出自に関連する文化に配慮した終の住み処を希求する人々をとりあげた。かれらは、一つの文化に閉じた住居コミュニティに陥らないように、様々な文化とのチャネル（通路）を備えた共有の場を開発してきた。多文化社会に生きるという緊張感のなかで、自分を語り、様々な文化のナラティヴに触れる機会を生かして、エイジング・イン・プレイスに向けたケアの数々を工夫した。

第2部では、望む活動を十全に行える新たな生活の場として、人々が選択した高齢者コミュニティが共有される過程をたどり、多様な世界とのつながりに向けた活動を検討した。エイジング・イン・プレイスを構成するためにはいかなる要素が必要なのか、それらはどのように使われるのか、高齢者コミュニティを生かした共有の場の広がりについて理解を深めた。

3章では、CCRCの住人と町の人々との連携的活動とCCRCを舞台とする企画に注目した。CCRCを拠点として、人々は、信念に基づく様々な活動を続けるため、教会や大学などと連携し、多世代や異文化との交流を通して町に位置づき、暮らしの場を広げた。それらの活動は、宗教やエスニシティ、そして世代の異なる多様な人々を包摂する町に住み続けるというウェルビーイングに向けたケアであるが、個々の実践はかかわる人々に楽しみや新たな交流をもたらすものであった。

4章では、CCRCという場を利用することで実現した、「バディ（Buddy）」（仲間）と呼ばれる認知症高齢者と「ブリッジ（Bridge）」（つなぐ者）と呼ばれるボランティアの交流の実践をたどった。バディとのあいだでナラティヴが紡がれる場で、ブリッジも、変化のなかで年を重ねている自分を見つめる機会を得て、生きる世界を広げる経験を積むことが浮かび上がった。バディはブリッジの指導者・教師と位置づけられているが、交流を続ける過程で互いに伴走者としての役割を得ているともいえよう。ブリッジとして、高齢者対象施設のスタッフや学生たちも活動していることから、交流・伴走することが、仕事や学びとして認められ継続的に実践できる具体的な道筋も照らし出されている[1]。

5章では、共有の場として学校やレストランをもち、知的障害などのある人々も仕事をしているという、小さな町のような多世代居住コミュニティをとりあげた。自然豊かなこの地を選択して日常生活をおくっている高齢者や若い世代と、子どもたちを含む訪問者が行き交う場は、異なる立場にある人々が創り上げるという点で一つの地域となっている。心身の不調や将来への不安を抱える高齢者や、オルタナティヴスクールで学ぶ子どもたちが出会うナラティヴも、自然や癒し（ヒーリング）、マクロコスモス（大宇宙）にかかわる世界に広がっていた。誰もが活動とともに休息することの重要性が説かれ、共有の場は、孤立せず個の時間を確保する場所としても開発されていた。

第3部では、著しい環境の変動や高齢化に伴う心身の不調を経験する人々が、苦境にあっても、固定的な場ではなく、必要に応じて様々な場を移動しつつ生き抜くさまを追った。生活の支援や治療を必要とする高齢者が利用する多様な場やサービス、それらをつなぐ人々の活動に注目した。そして、移動や変動のなかで人々のエイジング・イン・プレイスに資する共有の場のありかたやそれを存続させる方途を探った。

6章では、東日本大震災を経験した宮城県名取市の介護保険を利用したケアの場で紡がれるナラティヴに注目した。地域住民の生活の基盤を揺るがす変動のなかでも、高齢者の自宅を訪れるケアマネジャーやデイサービスのスタッフと高齢者やその支援者は、課題解決に向けた相談にとどまらず、日々の出来事や思い出、そして今後のことなど多くの話題を語り合っている。

ここでは、伴走者のウェルビーイングの重要性も具体的に浮かび上がった。

7章では、秋田市において、自宅を拠点とした高齢者の生活を支える専門職者たちの奮闘を追った。高齢者の心身の状態の変化に応じて支援の内容を検討する過程で、高齢者の自宅や様々な機関がつながり、伴走者も重層化することによって、困難な状況のなかでも、いくつもの共有の場が人々を包み込む様相が描かれた。

8章では、北欧において人生のいつの時点でも参加できるオルタナティヴな学びの場とその展開に注目した。認知症高齢者との交流について考えるワークショップにおいて、高齢者のケアにかかわる人々が、日常を離れてそれぞれの思いを対面で語りあうナラティヴを通して、ケア観を刷新し生きる力を蓄える休息や新しい世界に出会う重要性を検討した。

ウェルビーイングの構成要素とされるエイジング・イン・プレイスにかかわる人々の価値観、ニーズ、アイデンティティなどに基づく配慮としてのケアを可能とするコミュニティを創出する過程で、共有の場が次々に生み出されることが見出された。これら共有の場は、資格がある者のみが立ち入る入会地から誰にでも開かれた空間という重層性に富んでおり、異なる文化的背景を有する人々がかかわることができる環境である。重層的な共有の場を備えたコミュニティは、多様な人々を包摂し、結果として「住み処」は広がりをみせた。この住み処は個々人の家とは限らず、それらを包む環境を意味している。そもそも終の住み処を創出しようとしていた人々にとって、個別な自宅へのこだわりのみならず、気に入りのコミュニティにいかに位置づくかが重要だったのである。

このような場の創出は、心地よい生活環境を模索し実践するために、たとえ困難であっても、異なる世代や文化的背景をもつ人たちとの異文化交流を必要とすることを示唆している。とはいえ、異文化交流は、共生が困難な人々の間を調整するためだけに推進されるものではなく、人々の豊かな生活に不可欠であるからこそ、続けられているのである。というのも、他者とかかわるためにそのニーズや主張を掬い取ろうとする過程で、人々は自分自身の状況をも再考することになるからである。また、異文化あるいは他者とは、人だけではなく、自然や世界にかかわる物語などおよそ宇宙全体を包括するものだからである。このことは、私たちのエイジング・イン・プレイス、すなわちウェルビーイングを構成する要素の広がりを示している。

様々な世界に触れることで発見され、語り合いのなかで紡がれ、創られ続けるナラティヴは、素材として、誰もが平等に共有の場に滞在するための舞台に不可欠の要素となっている。各章の検討から、ナラティヴは語りや声を不可欠とするものではなく、多様な状況にある人々がともにその雰囲気に漂えるというようなものでもある。それゆえ、ナラティヴの場は、誰もがそこにアクセスできるよう、工夫を凝らすインフォーマルな機会にもなっている。高齢者の暮らしを考える場では、参加する人々が様々なナラティヴを語り聴き、それぞれの思いに沈潜している。ナラティヴが交わされる場は、私たちをとりまく世界や人々の記憶や語りという異文化に触れ、また、変わりゆく部分を含む異なる者としての新しい自分と出会う機会に満ちているのである。ケアの場は、誰もがぼつぼつ話す語りの場で、ナラティヴにかかわり、アイデンティティを刷新・重層化させる可能性に開かれている、ナラティヴに開かれた共有の場とも呼べる時空間ともいえよう。

自分や世界にかかわる物語を紡ぎ続ける環境には老年期という区切りは存在せず、その時々を生きる人間としての語りの時間は、話題を素材として多様な世代の誰もがそれぞれの立場で平等に参加でき、自分自身とそれをとりまく世界を考える時間となる。仕事であれボランティアであれ、誰もがそうした場や時間を安心してあたりまえに享受できる社会は、働くことや休むこと、個人の時間や他の人々とともに過ごす時間などの人々のリズムに対応できる条件をもつエイジングフレンドリー・コミュニティが幾重にも重なった、生き物のようなものだろう。そうしたいくつものコミュニティに私たちは住み処を得て、ざわめきを楽しみ、あるいは静かに羽を休めることもできるに違いない。

私たちは、この世に一人でやってきて、また一人でこの世から離れていく存在として、伴走のアートを磨き続ける者であり、多様な文化はその可能性を明示している。私たちは、唯一の存在という意味で一人なのであり、そもそも異なる者としてしか伴走できない。同一の到達点に向けて、要領よく協調して、一糸乱れず歩むことは叶わない。だが、異なるからこそ、ともにいることによって、様々な素材への案内者あるいは伴走者となることができる。また、異なるからこそ、互いのニーズを見つめることによって新たな情報を発見し、互いに案内者となり、自らにも適用可能なケアの世界に触れる機会に導く可能性がある。伴走者は、今生きている人のみとは限らないだろう。記憶やイメージのなかにあるものも含め様々な伴走者を感じてのびやかに年を重ねられる、それが自らも豊かな伴走を続けられるエイジングフレンドリー・コミュニティであろう。

注

はしがき

［1］ウェルビーイングは、人のみならず共同体や事物があまねく快適な状態にあることを意味するものとして広く使われてきた。『オックスフォード英語辞典』（*OED*）（第2版１９８９年）には、17世紀より用例が列記されており、「良好な生あるいは生活がうまくいっている状態、幸せ、健康、あるいは繁栄している状況、精神的あるいは身体的ウェルフェア（The state of being or doing well in life; happy, healthy, or prosperous condition; moral or physical welfare）」という意味が示されている。20世紀には、世界保健機関憲章草案（１９４６年）のなかに、「良好な状態」として、「健康」を定義するうえで意味づけされた「ウェルビーイング」という言葉が登場し、人々が日常生活のなかで求めていくという意味での「良好な状態」、生活の質を構成するものとして注目されるようになった（鈴木他 2010: i-ii）。インタビューをとおして、高齢者のウェルビーイング観を探ったバーンズは、かれらは自分にとって重要なことについて話しており、そこには、自らと同様に他者がよい状態でいることに貢献することも含まれていたと報告している（Barnes 2019: 257）。本書では、現代の福祉社会特有の「ウェルビーイング」に留まらず、人々が日常生活において心身で感じる「心地よい生」の豊かな像を照らし出すことも視野に入れている。

［2］ケア（日本語）は、「そのまま放っておくことが出来ないものに対する手当て。〔狭義では、老齢者・身障者・病人などに対する世話・介護・看護を指す〕」と、支援を必要とする者への配慮として説明されている（『新明解国語辞典（第五版）』2001［1997］）。他方、“care”（英語）に関しては、世話する、面倒をみる、看護するなどの意味以外に、気にかける、関心をもつ、好む、欲するなど（動詞）の意味や、関心事、責任など（名詞）、より広い意味あいが記載されている（『リーダーズ英和辞典』1999）。最も一般的な定義としてトロントは、「私たちが

そこに最もよい状態で居られるように、私たちの『世界』を維持、継続、そして修復するために行うすべてのことを含む活動」を提起している。この「世界」には、身体、自己、そして私たちをとりまく環境が含まれており、私たちはそれらを、生を維持する複雑な織物として織り上げようとしている（Tronto 1993: 103）。

［3］日本の政府訳等ではともに「福祉」の訳語があてられてきた「ウェルフェア（welfare）」と「ウェルビーイング（well-being）」であるが、ウェルビーイングは、古く14世紀に「善き生」（good living）という意味で用いられたウェルフェアと同様に、人や共同体、事物が快適な状態にあることを意味するものとして広く使われてきた。17世紀以降、ウェルフェアは、国家・社会がとくに必要とみなされる人々に対して行う公的支援という意味合いで用いられてきた（鈴木他 2010: i-ii; 寺崎 2010: 23-24）。

序章

［1］本書では、高齢者ケアの現場で使用されている言葉を使用している。介護保険制度で進められてきた、高齢者が自立した日常生活を営むことができるよう、必要な保健医療サービスおよび福祉サービスに係る給付を行うため、国民の共同連帯の理念に基づき進められてきたものが、公助・共助、自助や互助は、日常生活のなかで人々が行う活動や相互扶助を指している。公助は公共の経費を用いる低所得者などへの支援を含む。なお、自助について、たとえば旧西ドイツでは公的な補助金を得て運営や活動は自分たちでする市民の集まりが自助グループと呼ばれていたように（暉峻 2015: 58）、一般には、財源のみで明確に区別するのが適当でない場合もありうる。

［2］ガワンデは、「歴史学者によれば、産業化社会における高齢者は経済的困難に悩まされることはなく、独居になっても不幸になるわけではない。長命になった親も資産を相続させるのではなく、人に貸したり、売却したりすることができるようになった。収入が増え、年金制度が充実したことで、以前よりも多くの人が貯金や資産を蓄えられるようになった。その結果、老後における経済的自由を保てるようになり、死ぬまで、…働く必要がなくなった。革新的な『引退』の概念が始まった」と述べている。居住形態として、20世紀初頭の米国では、65歳以上

の高齢者の60%以上は子どもと住んでいたが、１９６０年代には25%、１９７５年には15%以下となったという（ガワンデ 2016: 12–13）。

［3］米国の「ベビーブーマー（baby boomer）」は、第二次世界大戦後（概ね１９４６年から１９６４年）に、出生率が上昇した時期に生まれた人々を指す。

［4］本書においてコミュニティは、個々人が現在居住している環境というばかりではなく、生きていくうえで必要としたり認めたりしている、主観に基づきイメージされる関係性をも考察の対象としている。人々を包み込む世界は、これまでの人生の記憶や広く世界に関するイメージから構成されていることが、現地調査で遭遇する語りや対話において表現されているからである。

［5］寺崎（2010）は、生活を支える活動から解放された時期として、閑暇（スコレー）を生きることがテーマとイメージされる高齢期という側面に注目し、閑暇の意味あいの歴史的変遷を検討することを通して、「生を養う」ことの意味を問い直している。

［6］とはいえ、これらの用語は、ウェルビーイングを構成する要素として交流を重視する傾向が顕著であった。他方、高齢期には社会と離れたところで生活することもウェルビーイングを構成するという「離脱理論」も展開された（加藤 2016: 25）。いずれにせよ、高齢者たちの主観的ウェルビーイングを聴き取り観察して掬い取ることの重要性については、コンセンサスが形成されてきた。老年心理学においては、高齢者が自らの尊厳を重視し、客観的に辛い状況にあってもそれを表現しない場合もあると指摘されてきた。健康的、社会的そして経済的な資源が減じても、主観的ウェルビーイングは保たれる場合があると観察していたバルテスらは、その理由として、自律性が危機にさらされたときにセルフエスティーム（自己肯定感）を保持する戦略という以外に、高齢者がレジリエンス（回復力、弾性）と適合（環境が良好とはいえなくても満足感を保つ）能力をもつことをあげている（Baltes & Baltes 1990）。

［7］ネイバフッドという語は、人々が安心して暮らし、様々な活動をすることができる近隣環境という意味で

使用されており、エイジングフレンドリー・コミュニティを考えるうえで重要となっている。地元商店街の活性化のように近隣者の交流や近所づきあいを積極的に見直す活動から、誰もが遠慮なく滞在できる書店、カフェ、博物館といった自宅でも職場でもないもう一つの場（サードプレイス）（オルデンバーグ 2013）を備えた居心地のよい小さな町（Knox & Mayer 2013）の探索にまで、関連している。

［8］英語のホーム（home）という語について、物語をたどると、困難な旅を経て新たな経験を積んだ少女が帰るともに暮らした人々との思い出が豊かな場所（ライマン・フランク・ボーム『オズの魔法使い *The Wonderful Wizard of Oz*』１９９０年）や、難破して漂着した無人島で新しい生活の場として築いた木の上の小屋（ダニエル・デフォー『ロビンソン・クルーソー *Robinson Crusoe*』１７１９年）などを表現した例がみられる。ホームは、「そこに居たいと思う場所（the place one wanted to be）としてのホームは、美しく贅沢である必要はないというのが当たり前だった。」と記している（Flanders 2015: 1）。社会人類学者のスタフォードは、中部オーストラリアの先住民ウォルピリのあいだで、ホームとは、建物としての家（house）ではなく、むしろ、「夢の道（The Trail of Dreams）」と表現される、昔から歩きまわってきた全地域にかかわることを報告した文化人類学者ジャクソンの論考（Jackson 1995）に言及している（Stafford 2009a）。エイジング・イン・プレイスとかかわるホームの意味を構成することが示唆されている記憶や象徴について、人とのモノのエイジング・イン・プレイスに焦点をあてた論考も提示されている（藤原 2018）。

［9］福祉を well-being という語で捉え直す試みは、アマルティア・センによってなされている。福祉は、グローバルな観点から、一人ひとりが「十分な理由をもって価値あるものと認めるような諸目的を追求する自由」としての潜在的可能性（capability）を開発する視点を含んで規定され、「各個人の自由の実現としての善き生活＝福祉（well-being）」とされている（山脇 2005: 38, 46）。また、「教育 education」の語源とその意味の探求においては、生きとし生けるものの教育、成長（生長）に与る営み、すなわち食養生などを広く含む「生を養う営み」であり、〈福祉（well-being）〉そのものであると定位されている（寺崎 2010; 白水 2011）。本書では、はしがきの注

［1］［3］で記載した観点に基づき、ウェルビーイングとウェルフェア（福祉）という語を、人間のみならず、コミュニティをも含めたよい状態に向かう包括的な歩みの過程という、より広い意味で用いている。このように捉えることにより、公助・共助・互助・自助を結びつける方法とそのことによる新しい成果が期待できると考えているからである。

［10］こうした視点は、プラグマティズムの実践に関するR・エマソンの会話に関する指摘と響きあっている。「会話は円（circles）のゲームである。私たちは、会話のなかで、あらゆる面で、沈黙の共有地を結ぶ端末を引き抜く」（Emerson 2000: 256）としているエマソンの「会話の円のゲーム」の趣旨について、齋藤は、「…会話の中で一人一人が生き方を問い直しながら、自らを他者の目に傷つきやすいものとして曝すことにある。そこでは答えを見いだすこと、合意点を見いだすことよりもむしろ、いかに人と人が関わり合うかということに力点が置かれる。…エマソンの会話の円は、そこに光を灯す当事者たちが会話を通じた転換（conversion through conversation）をくぐり抜ける中で、声なきもの、語りえないものへの感受性を高め、ことばを再創造し、美しい知識を生きられるようになるためのリベラル・エデュケーションの場である」と考察を加えている（齋藤 2015: 72–73）。

［11］調査研究における半構造的インタビュー（予め用意した質問に回答を求めるのではなく、相手の語りや話の流れに沿って情報を収集する）において、高齢者の暮らす場への訪問は、多くの場合、高齢者の家族や友人、ケアワーカーやケアマネジャーなど、通常の生活においてともにいる人々も同席しており、必要に応じて情報に関する確認を行った。個人名として仮名を用い、施設はアルファベットとしている。本書の写真は、一部を除き著者（一部は現地調査協力者）が撮影したものである。提供をうけたものについては提供者を記載した。

1章

［1］インテンショナル・コミュニティは、地域や血縁などに基づく自然発生的なコミュニティではなく、信念や信条に基づき集まった人々により創られるコミュニティのことを指す。

［2］高齢者の通所施設の呼称や提供されるサービスは地域によって異なる。日本では、一般に、食事や趣味などの時間が設けられているものをデイサービス、とくに認知症高齢者を対象としてリハビリなどに力を入れているものをデイケアと呼ぶ傾向がみられる。本書では、調査時に使用されていた呼称を用いている。本章の現地調査は、主としてハイデルベルク、ミュンヘン、カールスルーエ、フライブルク（フライブルク・イム・ブライスガウ）において、下記の期間に行った（２０１３年８月、２０１４年６月～７月、２０１５年６月）。

［3］「グローバルノート――国際統計・国別統計専門サイト　統計データ配信」（データ更新日２０１８年７月５日、直近データ２０１７年）（https://www.globalnote.jp/post-3770.html　２０１８年12月30日閲覧　以下、高齢化率〔総人口に対する65歳以上人口の比率〕に関し、同資料を用いている）。

［4］ナーシングホーム（nursing home　ドイツでは、Pflegeheim）は、世界各地でみられる、医療的介護が必要な高齢者が入居する施設で、社会福祉法人や自治体、ＮＰＯ（非営利団体）、企業などによって運営されている。歴史的には宗教や慈善団体が運営するものが古くからみられたが、20世紀以降、各国の福祉制度のもとで、必要であれば誰もが入居できる方向が模索されてきた。国や自治体から建設助成を受けた日本の特別養護老人ホームのように、企業が運営するものと比較して利用料が比較的安価となっている施設は待機者が多い状況にある。米国では、高齢者のための居住形態の一つとして、健康な高齢者向け、日常生活の支援が受けられるタイプと並んで、24時間医療サービスやリハビリテーション・サービスなどが受けられ見守りがなされるものとして開発されてきた。病院（hospital）とホーム（home）という二つの要素をもつ終の住み処と捉えられているナーシングホームでは、介護の質のみならず、死や看取りのありかたなど、入居者や介護スタッフのウェルビーイングが常に課題となっている（Shield 1988: 69-71, 205-209; 高橋 2002: 334; 鈴木 2017: 239）。

2章

［1］本章の現地調査は、主としてトロント、モントリオール、バンクーバーにおいて、下記の期間に行った

（2006年2月～3月、10月、2007年8月、2008年7月、2009年10月～11月、2010年9月、2011年4月、11月）。

［2］「フレンドリービジティング」は、施設に居住する高齢者のために、ボランティアが行う訪問のことである（鈴木他 2010: 73-76, 169）。

3章

［1］本章の現地調査は、主としてインディアナ州、ペンシルヴェニア州において、下記の期間に行った（2008年11月、2009年10月～11月、2010年11月～12月）。

［2］Health, United States, 2017（CDC：米国疾病予防管理センター（Centers for Disease Control and Prevention）、NCHS（National Center for Health Statics））による。Table 15. Life expectancy at birth, at age 65, and at age 75, by sex, race, and Hispanic origin: United States（https://www.cdc.gov/nchs/data/hus/2017/015.pdf 2019年1月5日閲覧）

［3］現地調査（米国サンフランシスコ市、2011年4月～5月）に基づく。デイセンターを拠点とするこうしたサービスは、PACE（Program of All-inclusive Care for the Elderly）の一環として行われている。PACEは、高齢者が居住コミュニティで生活を続けられるように包括的なサービスを提供するプログラムである。1970年代後半に開始されたオンロックサービス（On Lok Senior Health Service）は、PACEがメディケアおよびメディケイドの正式なプログラムとして導入される際にモデル事業となり、1997年以降はベトナム系や韓国系アメリカ人のコミュニティに居住する高齢者に対しても各種のサービスを提供している。PACEのサービスでは、一般のメディケアやメディケイドでは給付の対象とされないサービスの提供も可能となっている（石田 2014: 105）。

地域における高齢者ケアの習慣や伝統を生かした公的機関との協働は、韓国についても報告されている（澤野 2018）。

［4］米国のコミュニティは、「市民が結成したボランタリーなアソシエーション（自発的な集まり　括弧内は著者）の集合体と考えられている」とされる（菊池 2003: 35）ように、人々の信条やアイデンティティに基づくものがさかんに創られてきたという特徴がある。コミュニティについて、地域に根ざした生活基盤をともにする人々が構成するものと捉えたマッキーヴァーは、特別な目的のために活動するアソシエーションと区別したうえ、コミュニティを豊かにするものとしてその役割に言及している（マッキーヴァー 1975）。米国における自発的な集まりとして、メンバーが共有している、宗教的信条、信念やモラルなどに基づく社会システムや生活様式を希求する人々が、自由意志に基づき参加し構成する社会集団として、コミューンがあげられる。同時代の社会状況や主流文化の革新を謳う対抗文化運動や、新しい社会を構想するユートピア的理想主義とかかわっている多くのコミューンで、コミュニタリアニズム（共同体主義）が重視されてきており、現在も、再洗礼派ハッタライト（ヒュッテル派）が北米で財産を共有し続けている（鈴木 2014; 2017）。こうした信念を明確にした自発的な集まりと比較して、高齢者コミュニティを開発してきた再洗礼派メノナイトの人々は、近くに居住して日常生活において助け合うのみならず、アライアンス（提携）を構成するなど、共通の信条をもつ人々やグループがゆるやかに連携することにより、多様な人々が参加するコミュニティを志向してきた。本章で焦点をあてるこうしたコミュニティは、住み慣れた地域に暮らす人であれ、新しい場所に移動した人であれ、そのコミュニティが包含する機能や信条に、強弱の違いがあっても関心をもつ人々が、参加したり成果を享受したりすることができるものとして捉えられている。人々が活発に行動するばかりではなく、イメージするコミュニティのありかたも、地域性や共通の出自などを越えて、人々が生活する場としてコミュニティが醸成されるうえで、重要な要素といえよう。

［5］ヤーコプ・アマン（Jacob Amman（Jakob Ammann）1644–1712～1730）は、聖餐式や洗足の回数を増やすなど厳格なきまりを提示して穏健派メノナイトと対立し、17世紀末に、かれに率いられて分離した厳格派メノナイトはアーミッシュと呼ばれるようになった。

［6］迫害の記録が記載されている『殉教者の鏡』（Martyrs' Mirror）は、いまでも、人々が所持し参照し続ける

ものとなっている。

［7］最も保守的なオールドオーダー・アーミッシュ、アーミッシュ・メノナイト（ビーチー・アーミッシュ）、ニューオーダー・アーミッシュ、メノナイトなどである。

［8］現地調査（米国インディアナ州、2016年8月）に基づく。

［9］テンサウザンド・ヴィレッジズのボランティアの割合は、90％以上というストアもある。

［10］協働する連携機関として、ロングターム・ナーシングケア、リハビリテーション・セラピーの施設、アダルト・デイケア、在宅ケア、コミュニティ・シニアセンター、ファンドレージング組織などがある。

［11］スタッフのための楽しみの場は、宗教に基づくこの施設のみではなく、一般の高齢者対象住居施設にも設けられている。絵画やクラフト制作専用の部屋で、スタッフのみを対象とした教室が定期的に開かれている例などがあげられる（インディアナ州ブルーミントンにおける現地調査〔2015年4月実施〕に基づく）。

4章

［1］現地調査（米国フロリダ州、2015年11月～12月）に基づく。

［2］パームシティおよびフロリダ州の65歳以上人口については、下記の資料に基づく（2019年1月4日閲覧）：Palm City, FL Population & Demographics - AreaVibes（https://www.areavibes.com/palm+city-fl/demographics/）、Source: Office of Economic and Demographic Research, 2016（"2017 Profile of Older Floridians"）Department of Elder Affairs, State of Florida（http://elderaffairs.state.fl.us/doea/pubs/stats/County_2017_projections/Counties/Florida.pdf）。

［3］生活支援サービス付きコミュニティで生活するには入居金および毎月の生活費として資金を用意する必要があるが、退去に際しては、最大80％返還される。アシスティッドリビング（一人）の場合、入居費18万ドル、毎月の経費は（食事一日1回および近隣への送迎を含む）3500ドル（2015年12月現在）である。介護が必要

なナーシング施設の場合は、メディケアを受けてより多くの人が利用しやすい設定となっている。

［4］アガペー（愛餐）の語源は、ギリシャ語で「愛」を意味するagápē。人間に対する神の愛や同胞愛をさすが、複数形では初期キリスト教徒たちによる共食を意味する（『図説キリスト教文化事典』原書房、1998年、4頁）。

5章

［1］本章の現地調査は、主としてベルン、チューリヒ、アッペンツェル、サンクトガレンにおいて、下記の期間に行った（1997年から2001年（いずれも9月）、2002年8月、2013年8月、2014年6月～7月、2015年6月）。

［2］スイスでは公立学校の学費は無料だが、給食や課外活動はなく、また個人やクラスごとの企画が認められている。

6章

［1］本章の現地調査は、名取市、仙台市において、下記の期間に行った（2011年6月、2013年7月、10月、2014年12月、2015年7月、2017年10月）。

［2］一般に利用者は自分より若い人に介護されることを期待しているので、「70歳のヘルパーの場合は、70歳以上の利用者さんを中心に仕事をしてもらう」という（ケアマネジャーへのインタビュー〔2014年12月実施〕に基づく）。

［3］ケアマネジャーから提供された情報である。12月の名取市では名産のセリの収穫がさかんで、セリ束ねや剪定は、90歳近い高齢者たちがしばしば行っているという。

［4］ケアマネジャー8人、管理栄養士1人、福祉用具貸与にかかわるスタッフ1人、認知症の母親の世話、お

よび閖上の授産施設で働いていたが地震でその場を失った知的障害のある娘の世話をする社会福祉協議会の代表への半構造的インタビューおよび議論（名取市、２０１３年７月、10月）。

７章

［１］本章の現地調査は、秋田市において、下記の期間に行った（２０１６年３月、２０１７年９月）。秋田市は、ＷＨＯのエイジフレンドリー・シティ・プロジェクトに参加している（２０１９年２月現在）。聴き取り調査および現地調査（２０１７年９月）では、秋田市では、高齢者のウェルビーイングにとくに重点を置いて、プロジェクトを進めていることが見出された。秋田市役所が中心となって、企業などにパートナーシップの呼びかけを行っており、「高齢者に優しい町づくり」というコンセプトは少しずつ浸透しているかにみえる。たとえば、秋田市の中心街にある食器を販売する商店に「エイジフレンドリー・コーナー」が設けられ、高齢者が使用しやすいように工夫された食器が集められている。また、市立図書館では、高齢者の人生に関する聴き取りに基づく展示が開催されていた。

［２］『介護保険制度を取り巻く状況等』（社会保障審議会介護保険部会（第46回）平成25年８月28日　参考資料１）２頁。（http://www.mhlw.go.jp/file/05-Shingikai-12601000-Seisakutoukatsukan-Sanjikanshitsu_Shakaihoshoutantou/0000018735.pdf　２０１７年10月４日閲覧）

８章

［１］本章の現地調査は、主としてデンマーク（オーデンセ、ボーゲンセ、コペンハーゲン）（２００５年８月、２００６年８月〜９月、12月、２０１１年３月）、スウェーデン（リリホルメン、リンシェーピング）（２０１０年３月）において行った。

［２］１８４４年に設立された世界に例のない学校。日本の第二次世界大戦前の旧制高等学校と同じくらいのレ

ベルとみられたため、国民高等学校と訳されてきた。より適切な訳語として、「国民大学」「民衆大学」などが提示されている（千葉 2009: 102）。

終章

［1］米国における認知症高齢者との交流の場では、アートセラピー（芸術療法）や、音楽療法も実践されている。たとえば、シカゴ美術館においては、美術館スタッフと資格をもつアートセラピストの協働によって、認知症高齢者と家族などの支援者がともに参加できるもの作りや表現を含む活動が継続的に行われている。アートセラピストへのインタビューによると、こうした活動においてとくに留意していることは、結果よりも、「つくること」や「表現する」ことの意味を広く捉え、その過程をともにすることだという（現地調査：２０１９年２月）。

あとがき

本書は、現地調査で面会した人々との会話やかれらの生活環境に接して、驚きや感じたことを綴ったものである。

1997年に、医療の近代化の時代にケアのありかたを問い直した、19世紀米国の非正統治療運動に関する『出産の歴史人類学』を出版した（鈴木 1997）。その夏に、現在も民俗治療がさかんで助産師が活躍しているスイス北東部を初めて訪ねた。保守的な人々が住む地域として知られるアッペンツェルでの調査で出会った人々のなかには、航空会社に勤務し広く世界を旅したり、ベルンの大学で法律を学んだ後米国留学の経験をもつ人も含まれていた。子育て世代となってこの町にUターンした彼女たちは、ライフスタイルの多様性が認められ、ほどよい人間関係が保たれるこの地を選択したと述べていた。親世代と同居はしないのが一般的だが、親を含め隣人とは互いの庭の小道を通って容易に安否確認ができ、体力が衰えている人は誰でも保険で生活支援を受けられるという、幾重にもつくられたケアの方法が興味深かった。もちろん、他の地域とは異なる共通認識もある。家族がともにいる時間を重視するので、昼食も家で食べることが望ましいとされたり、最近まで幼稚園が設置されていなかったことなどから、家族の構成などに従って、働く時間の調整を職場で毎年行うのが習慣だとも聞いた。比較的自由な個人の生活と習慣や同居人との関係に基づく制約的な面のバランスを、自分の価値観や人生の諸過程で選択できることが「豊か」ということであると、研究協力者の一人が語っていたことが、印象に残っている。また、子どもたちが昼食に帰宅するという習慣があるバートラガッツでは、途中で、高齢者対象住居施設で準備された弁当を、近隣の自宅に住む高齢者たちに配達する子どもたちもいるという。一つの習慣によって、子どもたちと高齢者が無理なく顔を合わせていることも興味深かった。

調査で滞在したサンクトガレンやチューリヒでも、都会のわりには、旅人の私でも周囲の人と交流する機会が豊富であった。毎年チューリヒ駅の案内所で宿泊施設のアドバイスを受けたが、ある年、知的障害のある女性たちのコミュニティ内につくられた宿泊所を紹介された。駅からは歩ける距離ではなかったが、スイスらしい清潔な部屋で、大満足だった。そこでは、すべての人が食堂でともに朝食をとることになっていた。ある日調査地に向かって歩いていると、大きな声で名前を呼ばれた。異国で誰に呼ばれるのだろう？　と見回すと、トラムの窓から相席で食事した女性が手を振っていた。施設やコミュニティを創りそれを広げる工夫が、私にまで元気をくれたという経験が、1章や5章の内容に込められている。

大学で担当した学生の海外研修では、宗教に基づくコミュニティを訪ねた。現代の米国で馬車に乗り公共の電気を使わない生活を続けている再洗礼派アーミッシュの調査をしていく過程で、かれらがキリスト教の解釈に基づく生活実践の考え方の違いから分かれた他の再洗礼派の人々と交流を続け、協力しあっていることが浮かび上がってきた。現代的な生活を取り入れているメノナイトの人々は、非暴力の信念に基づく良心的兵役拒否の代替活動の経験から高齢者や精神障害者対象施設を開発してきた。本書ではそうした施設の一つを紹介しているが、印象深かったのは、メノナイトの人々をはじめとする町の人々にとって、こうした施設を利用することやその機能の拡充が、当たり前のこととして続けられていたことである。皆が利用できるような資源を日常生活で自分たちが利用しながら考えていく、という継続的な実践は、そこに住む人たちが環境を豊かにする一つの方法であると感じた。

2002年には、アーミッシュたちが暮らすカナダのオンタリオ州を訪ねた。調査中滞在したトロントは、様々なエスニシティの人々が多く居住する地域の集合体となっていることに目を奪われた。このことが、エスニシティに基づく高齢者コミュニティの調査につながった。エスニック文化という話題や素材が、人々に議論や工夫の機会をもたらすという、現象に気づいたのである。

バンクーバーやモントリオールでも、同様の調査を行った。バンクーバーでは、日系の高齢者のための独立型住居施設、生活支援サービス付き住居が、外部に開かれたレストランや日系文化センター・博物館との複合施設となっていることに感銘を受けた。主として英語とフランス語の二つの言語圏をもつモントリオールでは、ユダヤ、英国、フランス、救世軍、そして先住民カナワケの人々にかかわる高齢者対象住居施設を訪ねた。どの施設においても、守りたい文化がある一方で、多様な人々と共有できる外に開く部分を探し出し、提示していることが印象深かった。

これらの経験は、後にロスアンゼルスの日系の人々の居住地の再開発に携わっているNPOへの訪問につながった。20世紀初期に米国に渡った祖父の時代からアリゾナ州などに暮らした家族のもとで育てられ、幼少の一時期を日本で過ごし、いまは日系の高齢者たちが安心して暮らせる町を工夫している日系三世のスタッフの「人は文化的価値観（cultural value）を共有するコミュニティを求める」という言葉は、異なる文化の存在を認識することの意義に関し一つの道標を与えてくれた。かれは、また、たとえば日本文化にかかわるコミュニティの世話を丁寧にしていれば、他のコミュニティにも応用可能な方法が見えてくるとも述べていた。とくに2章にかかわるフィールドで感じたように、文化的価値観を共有したり共鳴する人々が集まる場は、出自に制限されることなく、誰にでも開かれる可能性がある。こうした調査で得られた情報と経験は、2章、3章などに生かされている。

その後、学生たちの希望に応えようとデンマークを研修地に考えた。調査に向かったのは、2004年である。当時、デンマークは幸福度世界1位ともいわれ、出生率も増加し、豊かさを考えるうえで参考になりそうな国という印象であった。フォルケホイスコーレに滞在し、高齢者対象住居施設、幼稚園、高校などを訪問した。フォルケホイスコーレの授業では、「平等」とはどういうことかを議論した。必要とされているところに手厚くすることが平等という考え方、社会環境の平等がデンマークでは目指されているということが学生たちに伝えられた（鈴木 2012）。高齢者対象住居施設では、高齢者たちが手作りしたものを販売しており、環境の整備やモノを素材とした交流が高齢者の生活に重要であることが、4章、8章に示されている。

これまでの海外の状況に関し収集してきたことがらと日本の状況を比較的に考えたいと願っていたときに、大学時代の同級生から介護保険制度のもとで高齢者へのサービスを東北地方や新潟県で展開している事業所の紹介を受けた。2011年に起こった東日本大震災のときに、近隣住民と協働した経験をもつ事業所であった。この事業所の展開を追ううちに、制度を生かしつつ高齢者や家族と支援者などが共有する時間や場所のありかたがテーマとして浮上した。この内容は、6章、7章に生かされている。

最後に、これらの調査を通して印象に残っていることの一つは、デンマークで、高齢者のウェルビーイングに関するプロジェクトを担っていた大学院生たちとのミーティングである。かれらは、デイセンターの環境改善、在宅高齢者への弁当配達システム、健康増進に向けたノルディックウォークの適用など、それぞれテーマを掲げて実践的研究を推進していた。教育費が無料であるデンマークで長期にわたる教育を受け責任は重いというが、エイジングフレンドリー・コミュニティのように、継続的に研究し伴走する必要がある領域を担う若い人々が自らの生活と仕事に安心感と希望をもっていることがまぶしく感じられた。

今後も、これまでの経験を踏まえ、素材を囲んで人々が味わい声を出すことのできる場で様々な伴走者とともに歩んでいきたいと考えている。

本書各章の初出等は、以下のとおりである。

序章　以下をもとに加筆修正：鈴木七美「序章」（鈴木七美編 2018: 1–13）

1章　書き下ろし

2章　書き下ろし（3節は以下の一部をもとに加筆修正：Suzuki, N. & T. Hui. 2014）

3章　以下の一部をもとに加筆修正：鈴木七美・ジョー・A・スプリンガー「資源共有と多様なエイジフレンドリー・コミュニティの創造――米国の継続ケア退職者コミュニティ（CCRC）住人の活動に注目して」（鈴木七美編 2018: 101–119）

4章　以下の一部をもとに加筆修正：鈴木七美 2016a
5章　以下をもとに加筆修正：鈴木七美「スイスの多世代複合型生活施設におけるナラティヴとエイジング・イン・プレイス」（鈴木七美編 2018: 87–100）
6章　以下の一部をもとに加筆修正：鈴木七美・小泉敦保・田仲美智子・猪股陽子・塙織絵「変動の中のエイジング・イン・プレイスと語りの場——東日本大震災後の民間高齢者ケア事業所スタッフの経験に注目して」（鈴木七美編 2018: 37–66）
7章　書き下ろし
8章　書き下ろし（2節は以下の一部をもとに加筆修正：鈴木七美 2006, 2012）

謝辞

本書にかかわる調査研究は、以下のＪＳＰＳ科研費（研究代表者：鈴木七美）を受けて実施したものです。基盤研究（Ｃ）（2005–2007）「少子化社会におけるライフデザインの実践と議論に関する文化比較の医療歴史人類学研究」JP17520563／基盤研究（Ｂ）（2009–2011）「少子高齢・多文化社会における福祉・教育空間の多機能化に関する歴史人類学的研究」JP21320166／基盤研究（Ｃ）（2013–2015）「スイスにおける高齢者のウェルビーイングと代替医療の適用に関する文化人類学研究」JP25370960／基盤研究（Ｂ）（2014–2016）特設分野研究（ネオ・ジェロントロジー）「多世代共生『エイジ・フレンドリー・コミュニティ』構想と実践の国際共同研究」JP26310109／基盤研究（Ｃ）（2018–2021）「米国での認知症高齢者を師とする人生語り・記録の多世代協働とコミュニティ教育の展開」JP18K01180

資料収集や現地調査にご協力いただきました方々や諸機関に感謝の意を表します。実践者の方々は仕事の現場に同行させてくださるとともに、お忙しいなか、研究セミナー「高齢者たちと共に考えるウェルビーイング——宮城県の在宅高齢者生活支援の現場から」科研「多世代共生『エイジ・フレンドリー・コミュニティ』構想と実践の国際共同研究」成果公開（２０１６年）などに参加し、本書の原稿も丁寧に見直してくださいました。フィリップ・B・スタフォードさん（インディアナ大学エイジング・コミュニティセンター元センター長／インディアナ大学文化人類学部非常勤教授）とは、２０１３年にマンチェスターで開催された国際学会以来、エイジ（エイジング）フレンドリー・コミュニティに関し、情報交換を続けてきました。その結果として、２０１６年にローマで行われた第53回住みやすい都市を創る国際会議（International Making Cities Livable Conference）の基調シンポジウム「エイジフレンドリー・コミュニティ運動——包摂、小さな変化、そして都市への権利」で報告し（「日本における高齢者に優しいコミュニティの創造——過疎の町で新しいコモンズを育てる継続的な方法の探求」）（Suzuki 2019）、そして２０１７年春には、国際シンポジウム「エイジフレンドリー・コミュニティ——変わりゆく人生を包みこむまち」を実施することができました。

また、これまで本書のテーマに関し発表する機会と貴重なコメントをいただきました方々や諸機関に御礼申し上げます。なかでも、「ウェルビーイングとケア・養生の文化」第20回日本未病システム学会学術総会　超高齢社会における未病イノベーション　シンポジウム３「人は

どう生まれ　どう生きるのか―時間軸の未病」（２０１３年）、「趣旨説明」人間文化研究機構公開講演会・シンポジウム「高齢者のウェルビーイングと多様な住まい方」国立民族学博物館機関研究プロジェクト「ケアと育みの人類学」（２０１１-２０１３年）成果公開（２０１４年）（『人間文化』No. 22）、「エイジングの人類学」集中講義　東北大学文学部人文社会学科・大学院文学研究科（２０１４年）、「高齢化時代のエイジング・イン・プレイス――『エイジ・フレンドリー・コミュニティ』運動と課題」第151回東北人類学談話会（２０１４年）、「医療現場での想像力――エイジング・イン・プレイスと養生」日本文化人類学会研究成果公開発表シンポジウム「人類学的想像力の効用」（２０１５年）、「エイジ・フレンドリー・コミュニティの模索――ＣＣＲＣを中心に」身体・環境史研究会（２０１７年）、「豊かに老いる社会――アメリカやヨーロッパの事例から」カレッジシアター地球探究紀行（２０１７年）では、多様な領域を専門とする研究者や実践者、そして一般の方々と議論することができました。

さらに、早い時期に草稿をお読みいただきました新曜社社長塩浦暲さんのコメントを道標に少しずつ原稿をまとめることができました。私にとって初めての書籍、博士学位論文をもとにした『出産の歴史人類学』でお世話になりました同社に今回もみていただけたことは、とりわけうれしいことでした。編集を担当してくださいました田中由美子さんとのやりとりのなかで、時間をかけて内容を再考し深めることができました。内容の提示のしかたのみならず、それらの精査まで相談させていただきお手を煩わせました。厚く御礼を申し上げます。最後に、すべての現地調査の内容について話相手をつとめ、原稿を辛抱強くともに検討した夫鈴木公二に心から感謝いたします。かれは退職後の時期や高齢期の重要性と意義について、いつも示唆を与えてくれました。本書の原稿のしあげをしていた昨日も、日々の景色を含め、当たり前のように思えることに今日も出会えることの喜びを表現したり共有したりできる機会が豊富である点で、高齢者対象住居施設はいい場所ともいえるとしみじみ述べ、高齢期を生きる楽しさのひとつを思い出させてくれました。

２０１９年１月２日　神戸にて

鈴木七美

Geneva: WHO.

World Health Organization（WHO）. 2007. *Global Age-Friendly Cities: A Guide.*（https: //www. who. int/ageing/publications/Global_age_friendly_cities_Guide_English.pdf）

山脇直司 2005『社会福祉思想の革新――福祉国家・セン・公共哲学』川崎：かわさき市民アカデミー出版部.

湯沢雍彦編著 2003［2001］『少子化をのりこえたデンマーク』東京：朝日新聞社.

索　引

【さ行】

【た行】

引用文献

アナセン，ベント R.（Andersen, Bent Rold）2004［1999］.「［付］デンマーク社会福祉への道」平林孝裕訳，橋本淳編『デンマークの歴史』pp. 198–207．大阪：創元社.

Anderson, Benedict. 1991［1983］. *Imagined Communities: Reflections on the Origin and Spread of Nationalism*. Brooklyn: Verso.

Baltes, Paul B. and Margret M. Baltes. 1990. Psychological Perspectives on Successful Aging: The Model of Selective Optimization with Compensation. In P. B. Baltes and M. M. Baltes, eds. *Successful Aging: Perspectives from the Behavioral Sciences*, pp. 1–34. Cambridge: Cambridge University Press.

Barnes, Marian. 2019. Relational Well-being and Age-friendly Cities. In Stafford ed. 2019, pp. 249–268.

Buffel, Tine and Chris Phillipson. 2019. Creating Age-friendly Communities in Urban Environments: Research Issues and Policy Recommendations. In Stafford ed. 2019, pp. 15–30.

Buffel, Tine, Chris Phillipson, and Thomas Scharf. 2012. Ageing in Urban Environments: Developing 'Age-friendly' Cities. *Critical Social Policy* 32 (4): 597–617.

千葉忠夫 2009『世界一幸福な国デンマークの暮らし方』東京：PHP 研究所.

クルーム洋子（Crume, Yoko Sakuma）2008「アメリカの高齢者住宅とケアの実情」『海外社会保障研究』164: 66–76（http://www.ipss.go.jp/syoushika/bunken/data/pdf/18879307.pdf）

傳法清 2008「ある移住者家族の体験から」鈴木七美編 2008: 46–50.

Emerson, Ralph Waldo. 2000. *The Essential Writings of Ralph Waldo Emerson*. Brooks Atkinson, ed. New York: The Modern Library.

Flanders, Judith. 2015. *The Making of Home: The 500-Year Story of How Our Houses became Our Homes*. New York: Thomas Dunne Books, an imprint of St. Martin's Press.

Freedman, Marc. 2007. *Encore: Finding Work that Matters in the Second Half of*

Life. New York: PublicAffairs.
藤村正之 2015「記憶の霞みと小刻みな自分の死――認知症の人とライフヒストリー」野上元・小林多寿子編著『歴史と向きあう社会学――資料・表象・経験』pp. 349-353. 京都：ミネルヴァ書房.
藤原久仁子 2018「人形供養と『福』贈り――人とモノのエイジング・イン・プレイスをめぐって」鈴木七美編 2018: 145-155.
ガワンデ，アトゥール（Gawande, Atul）2016『死すべき定め――死にゆく人に何ができるか』原井宏明訳，東京：みすず書房.
権藤恭之 2016「百寿者から学ぶ健康長寿とは」長田久雄・箱田裕司編『超高齢社会を生きる――老いに寄り添う心理学』pp. 36-52. 東京：誠信書房.
Greenfield, Emily, Mia Oberlink, Andrew E. Scharlach, Margaret B. Neal, and Philip B. Stafford. 2015. Age-Friendly Community Initiatives: Conceptual Issues and Key Questions. *Gerontologist* 55(2): 191-198. (https://doi.org/10.1093/geront/gnv005)
石田道彦 2014［2008］「アメリカの介護保障」増田雅暢編『世界の介護保障』pp. 93-113. 京都：法律文化社.
伊藤正純 2006「職業教育を重視するスウェーデンの教育理念」『北ヨーロッパ研究』2: 33-43.
Jackson, Michael. 1995. *At Home in the World*. Durham, NC: Duke University Press.
片桐雅隆 2003『過去と記憶の社会学――自己論からの展開』京都：世界思想社.
加藤泰子 2016『高齢者退職後生活の質的創造――アメリカ地域コミュニティの事例』東京：東信堂.
菊池美代志 2003「コミュニティづくりの展開に関する考察――社会学の領域から」『コミュニティ政策』1: 33-44.
Klinenberg, Eric. 2013. *Going Solo: The Extraordinary Rise and Surprising Appeal of Living Alone*. London: Penguin Books.
Knox, Paul L. and Heike Mayer. 2013［2009］. *Small Town Sustainability: Economic, Social, and Environmental Innovation*. Basel: Birkhäuser.
児玉珠美 2016『デンマークの教育を支える「声の文化」――オラリティに

根ざした教育理念』東京：新評論.
コル，クリステン（Kold, Christen）2007『コルの「子どもの学校論」――デンマークのオルタナティヴ教育の創始者』清水満編訳，東京：新評論.
コースゴー，オーヴェ（Korsgaard, Ove）1999『光を求めて――デンマークの成人教育500年の歴史』川崎一彦監訳，東京：東海大学出版会.
マッキーヴァー，ロバート M.（MacIver, Robert M.）1975『コミュニティ――社会学的研究：社会生活の性質と基本法則に関する一試論』中久郎・松本通晴監訳，京都：ミネルヴァ書房.
松井孝太 2014「米国における継続的ケア付高齢者コミュニティ（CCRC）の現状と課題――日本の高齢者住まい問題との関連で」『平成26年度杏林 CCRC 研究所紀要』pp. 18-35.（http://www.kyorin-u.ac.jp/univ/society/area2/labo/pdf/h26ccrc_18.pdf　2017年4月15日閲覧）
松本勝明 2011『ヨーロッパの介護政策――ドイツ・オーストリア・スイスの比較分析』京都：ミネルヴァ書房.
松岡洋子 2011『エイジング・イン・プレイス（地域居住）と高齢者住宅――日本とデンマークの実証的比較研究』東京：新評論.
松谷明彦・藤正巌 2002『人口減少社会の設計――幸福な未来への経済学』東京：中央公論新社.
Mennonite Church USA. n.d. Who are the Mennonites?［Brochure］. Harrisonburg, VA: Author.
宮本太郎 2009『生活保障――排除しない社会へ』東京：岩波書店.
Moulaert, Thibauld and Suzanne Garon, eds. 2016. *Age-Friendly Cities and Communities in International Comparison: Political Lessons, Scientific Avenues, and Democratic Issues*. New York: Springer.
六車由実 2015『介護民俗学へようこそ！――「すまいるほーむ」の物語』東京：新潮社.
中村剛 2014『福祉哲学の継承と再生――社会福祉の経験をいま問い直す』京都：ミネルヴァ書房.
仲村優一・一番ヶ瀬康子（編集委員会代表）2000『世界の社会福祉9　アメリカ・カナダ』東京：旬報社.
野嶋篤 2007「医療・介護・老後の暮らし」森田安一・踊共二編著『ヨーロッパ読本　スイス』pp. 137-146. 東京：河出書房新社.

野村武夫 2010『「生活大国」デンマークの福祉政策――ウェルビーイングが育つ条件』京都：ミネルヴァ書房.

Oberlink, Mia R. and Barbara S. Davis. 2019 Assessing the Aging-Friendliness of Two New York City Neighborhoods. In Stafford ed. 2019, pp. 127–135.

オルデンバーグ，レイ（Oldenburg, Ray）2013『サードプレイス――コミュニティの核になる「とびきり居心地よい場所」』忠平美幸訳，東京：みすず書房.

Phillipson, Chris. 2011. Developing Age-Friendly Communities: New Approaches to Growing Old in Urban Environment. In R. Settersten and J. Angel, eds. *Handbook of Sociology of Aging*, pp. 279–293. New York: Springer.

齋藤直子 2015「際に立つプラグマティズム」『現代思想』43(11): 54–79.

澤野美智子 2018「共食が生み出される場――韓国農村『敬老堂』の事例から」鈴木七美編 2018: 67–86.

Scharlach, Andrew E. and Amanda J. Lehning, eds. 2016. *Creating Aging-Friendly Communities*. New York: Oxford University Press.

Shield, Renée Rose. 1988. *Uneasy Endings: Daily Life in An American Nursing Home*. Ithaca and London: Cornell University Press.

清水満編著 1996『生のための学校――デンマークで生まれたフリースクール「フォルケホイスコーレ」の世界』東京：新評論.

塩野谷祐一・鈴村興太郎・後藤玲子編 2004『福祉の公共哲学』東京：東京大学出版会.

白水浩信 2011「教育・福祉・統治性――能力言説から養生へ」『教育学研究』78(2): 162–173.

Stafford, Philip B. 2009a. Aging in the Hood: Creating and Sustaining Elder-Friendly Environments. In J. Sokolovsky, ed. *The Cultural Context of Aging: Worldwide Perspectives*, pp. 441–452. Third Edition. Westport, Connecticut, London: Praeger.

———. 2009b. *Elderburbia: Aging with a Sense of Place in America*. Santa Barbara: ABC-CLIO.

———, ed. 2019. *The Global Age-friendly Communitiy Movement: A Critical Appraisal*. New York: Berghahn.

鈴木七美 1997『出産の歴史人類学――産婆世界の解体から自然出産運動へ』東京：新曜社.
―――2002『癒しの歴史人類学――ハーブと水のシンボリズムへ』京都：世界思想社.
―――2005「柿の葉を摘む暮らし――ノーマライゼーションを超えて」『文化人類学』70(3): 355-378.
―――2006「デンマークの福祉における余暇の思想――フォルケホイスコーレと生活指導教員養成大学の活動をとおして」京都文教大学人間学研究所『人間学研究』7: 75-87.
―――編 2008『少子化社会におけるライフデザインの実践と議論に関する文化比較の医療歴史人類学研究』(平成 17～19 年度科学研究費補助金(基盤 C) 報告書).
―――2012「デンマークにおける『障害のない社会』構想とノーマライゼーション――余暇活動としてのフォルケホイスコーレの展開」鈴木七美編『「障害のない社会」にむけて――ウェルビーイングへの問いとノーマライゼーションの実践』国立民族学博物館調査報告 (SER) 102: 77-98. 大阪：国立民族学博物館. (http://hdl.handle.net/10502/4657)
―――2014「コミューン」『世界民族百科事典』国立民族学博物館編, 東京：丸善出版.
―――2016a「高齢認知症者のエイジング・イン・プレイスに向けた包摂的活動――アメリカ合衆国における『ブリッジ』のメモリーケアを中心に」『国立民族学博物館研究報告』41(1): 79-101. (http://hdl.handle.net/10502/00006115)
―――2016b「ワーク・ライフ・バランスを要請する北欧福祉社会の課題」中谷文美・宇田川妙子編『仕事の人類学』pp. 242-245. 京都：世界思想社.
―――2017『アーミッシュたちの生き方――エイジ・フレンドリー・コミュニティの探求』国立民族学博物館調査報告 (SER) 141. 大阪：国立民族学博物館. (http://doi.org/10.15021/00008452)
―――編 2018『超高齢社会のエイジフレンドリー・コミュニティ――ケアが照らし出すエイジング・イン・プレイスへ』日本学術振興会科学研究費助成事業成果公開集会報告書. 大阪：国立民族学博物館.

Suzuki, Nanami. 2019. Creating an Age-friendly Community in a Depopulated Town in Japan: A Search for Resilient Ways to Cherish New Commons as Local Cultural Resources. In Stafford ed. 2019, pp. 229–246.

鈴木七美・藤原久仁子・岩佐光弘編著 2010『高齢者のウェルビーイングとライフデザインの協働』東京：御茶の水書房.

Suzuki, Nanami and Tilda Hui. 2014. Development of a Life-care Community as a "Town" Enriched with Diverse Ethnic Cultures: Focusing on the Cooperation of People Having Chinese and Japanese Cultural Backgrounds. In N. Suzuki, ed. *The Anthropology of Care and Education for Life: Searching for Resilient Communities in Multicultural Aging Societies*. Senri Ethnological Studies（SES）87: 129–147. Osaka: National Museum of Ethnology.（http://hdl.handle.net/10502/5289）

高橋絵里香 2002「ナーシングホーム民族誌の展開」『民族学研究』67(3): 328–339.

田中拓道 2017『福祉政治史――格差に抗するデモクラシー』東京：勁草書房.

寺崎弘昭 2010「生を養う――ウェルビーイングの射程」鈴木七美・藤原久仁子・岩佐光弘編著 2010: 21–35.

暉峻淑子 2015［1989］『豊かさとは何か』東京：岩波書店.

タニング，カイ（Thaning, Kaj）1987『北方の思想家，グルントヴィ』渡部光男訳，東京：杉山書店.

Thomas, William H. 1996. *Life Worth Living: How Someone You Love Can Still Enjoy Life in a Nursing Home The Eden Alternative in Action*. St. Louis, Montana: VanderWyl & Burnham.

Torgé, Cristina Joy. 2013. Ageing and Care among Disabled Couples. In E. Jeppsson Grassman and A. Whitaker, eds. *Ageing with Disability: A Lifecourse Perspective*, pp. 109–127. Bristol: Policy Press.

Trolander, Judith Ann. 2011. *From Sun Cities to the Villages: A History of Active Adult, Age-restricted Communities*. Gainesville: University Press of Florida.

Tronto, Joan. 1993. *Moral Boundaries: A Political Argument for an Ethic of Care*. London and New York: Routledge.

World Health Organization（WHO）. 2002. *Active Aging: A Policy Framework*.

著者紹介

鈴木七美（すずき　ななみ）

1958年宮城県仙台市生まれ。東北大学薬学部を卒業し，（財）仙台複素環化学研究所，（株）中外製薬，（財）相模中央化学研究所にて勤務した後，お茶の水女子大学大学院人間文化研究科（博士課程）修了。博士（学術）。マギル大学文化人類学部客員助教授，京都文教大学教授，放送大学（文化人類学'04）客員教授などを経て，現在，国立民族学博物館／総合研究大学院大学教授。専門は歴史人類学，医療人類学，エイジング研究。

主な著書に『出産の歴史人類学—産婆世界の解体から自然出産運動へ』（新曜社，1997年，第13回青山なを賞（女性史）），『癒しの歴史人類学—ハーブと水のシンボリズムへ』（世界思想社，2002年），*The Anthropology of Aging and Well-being: Searching for the Space and Time to Cultivate Life Together*. Senri Ethnological Studies No. 80（編著，National Museum of Ethnology, 2013），『高齢者のウェルビーイングとライフデザインの協働』（共編著，御茶の水書房，2010年）などがある。

エイジングフレンドリー・コミュニティ
超高齢社会における人生最終章の暮らし方

初版第1刷発行　2019年9月2日

著　者　鈴木七美
発行者　塩浦　暲
発行所　株式会社新曜社
〒101-0051　東京都千代田区神田神保町3-9
電話(03)3264-4973(代)・Fax(03)3239-2958
E-mail: info@shin-yo-sha.co.jp
URL https://www.shin-yo-sha.co.jp/
印刷所　亜細亜印刷
製本所　積信堂

ISBN978-4-7885-1645-8　C1036